Joyeux Anniversaire

Mon ami

X X X X

Ju scio

Récits de table

D'ICI ET D'AILLEURS

LYSIANE GAGNON

Récits de table

D'ICI ET D'AILLEURS

LYSIANE GAGNON

LES ÉDITIONS **LA PRESSE**

Catalogage avant publication de Bibliothèque et Archives
nationales du Québec et Bibliothèque et Archives Canada

Gagnon, Lysiane, 1941-
Récits de table : d'ici et d'ailleurs
ISBN 978-2-89705-259-1
1. Habitudes alimentaires. 2. Nourriture. 3. Gagnon, Lysiane,
1941- - Anecdotes. I. Titre.
GT2850.G33 2014   394.1'2   C2014-941806-X

Présidente **Caroline Jamet**
Directeur de l'édition **Éric Fourlanty**
Directrice de la commercialisation **Sandrine Donkers**
Responsable, gestion de la production **Carla Menza**

Éditrice déléguée **Sylvie Latour**
Conception et montage **Rachel Monnier**
Photo de la couverture arrière **Laszlo**
Révision linguistique **Sophie Sainte-Marie**
Correction d'épreuves **Yvan Dupuis**
Communications **Marie-Pierre Hamel**

L'éditeur bénéficie du soutien de la Société de développement
des entreprises culturelles du Québec (SODEC) pour son
programme d'édition et pour ses activités de promotion.

L'éditeur remercie le gouvernement du Québec de l'aide
financière accordée à l'édition de cet ouvrage par l'entremise
du Programme de crédit d'impôt pour l'édition de livres,
administré par la SODEC.

Nous reconnaissons l'aide financière du gouvernement
du Canada par l'entremise du Fonds du livre du Canada (FLC).

Nous remercions le Conseil des arts du Canada de l'aide
accordée à notre programme de publication.

LES ÉDITIONS **LA PRESSE**
7, rue Saint-Jacques
Montréal (Québec)
H2Y 1K9

TABLE DES MATIÈRES

AVANT-PROPOS

———

J'ai toujours aimé bien manger, et j'ai toujours aimé voyager.

Ces deux champs d'intérêt se sont combinés dans ce livre, car l'un des plaisirs du voyage est justement la découverte des cultures culinaires étrangères. N'est-ce pas aussi par la table que l'on apprend à connaître un pays ?

À ces passions personnelles qui datent de loin se sont greffés des phénomènes qui sont au cœur de l'actualité : l'intérêt croissant de la population pour la cuisine, l'extraordinaire popularité des chefs, la prolifération sans précédent des gourmets, la montée de ce culte qu'on appelle le *foodisme*.

C'est donc la table, celle d'ici et d'ailleurs, qui est au centre de ce livre et qui relie des chapitres aux sujets très différents les uns des autres. La table, ou le repas, avec tout ce qui y est associé : l'initiation dans la famille, la convivialité, les traditions et l'innovation, la dimension symbolique de la nourriture, le repas comme amorce de la séduction, la cuisine sous toutes ses formes, depuis l'artisanat qu'est la cuisine au quotidien jusqu'au grand art qu'est la gastronomie.

Je parle des pièges de la cuisine, lieu d'échange privilégié, mais aussi terrain d'affrontement au sein des couples, je compare la cuisine des hommes à celle des femmes. Je décris l'évolution de la restauration et de la critique gastronomique, mais je parle aussi du rapport complexe que l'on a avec la nourriture, des phénomènes psychologiques qui affectent le goût, la satisfaction ou la déception du convive dépendant souvent des circonstances et de ses propres attentes.

Je parle des excès des chefs-vedettes, mais aussi de leurs exploits et des difficultés de ce métier qui est une vocation. Je parle des nouvelles tendances, du bio au locavorisme, le tout entrecoupé d'excursions gourmandes dans des pays aussi différents que le Japon, le Maroc, la Chine ou l'Italie, la France étant bien sûr omniprésente.

J'évoque des repas en tête-à-tête avec nos deux plus grands hommes politiques, René Lévesque et Pierre Elliott Trudeau, repas dont le déroulement illustre de façon amusante le contraste entre ces deux personnalités.

Je raconte des expériences gustatives échelonnées sur plusieurs décennies, de mon enfance montréalaise à un récent voyage en Sicile, en passant par ma propre vie de cuisinière ordinaire.

J'y parle de voyages, mais ce n'est pas un livre de tourisme. J'y parle de cuisine, mais ce n'est pas un livre de recettes. Ce sont les récits et les réflexions d'une journaliste professionnelle, donc entraînée à l'observation et à une certaine distance critique, sur la culture de la table, chez nous et à l'étranger.

Plusieurs questions m'ont intriguée : comment expliquer que l'on soit aussi obsédé par la nourriture, à une époque où les statistiques indiquent que l'on fait de moins en moins la cuisine et où la tradition du repas familial est en perte de vitesse ? Pourquoi les chefs sont-ils devenus des vedettes au même titre que nos plus grands artistes ? Pourquoi la multiplication des livres de recettes et des émissions culinaires télévisées, alors que l'on mange de plus en plus souvent seul, devant un écran ou en compagnie de son téléphone intelligent ? Une analyse d'Influence Communication nous apprend qu'en 2013 les médias québécois ont davantage parlé de cuisine que d'économie !

Cet engouement pour la cuisine serait-il justement une façon d'oublier les difficultés économiques en nous faisant retrouver le plaisir simple et gratifiant de manger ?

À l'heure où les familles traditionnelles se décomposent sans toujours réussir à se recomposer dans le bonheur, la sortie au restaurant de même que les dîners conviviaux entre amis seraient-ils la compensation nécessaire à la solitude affective et à l'insécurité causée par un marché du travail de plus en plus précaire ?

Cette passion pour la gastronomie ne serait-elle pas aussi une réaction à l'invasion de la technologie ? Devant la froideur aseptisée des écrans tactiles, devant les échanges électroniques dénués de présence humaine, devant la dépersonnalisation grandissante de la société, ressentirions-nous avec plus d'acuité que jamais le besoin d'un contact sensuel et réconfortant avec une matière vivante – la nourriture – que l'on peut toucher, humer et goûter ?

Cela dit, *enjoy* !, comme disent nos amis new-yorkais. Vous pouvez déguster ce livre à la carte, en choisissant les chapitres dans l'ordre que vous voulez. Ici, il n'y a pas de menu fixe, et vous pouvez prendre votre temps : aucun chapitre ne refroidira s'il n'est lu qu'en dernier !

Je vous souhaite, chers lecteurs et lectrices, de vous régaler à la lecture de ce livre que j'ai fait sans prétention, quoiqu'avec le désir de pousser plus loin la réflexion sur un sujet si actuel.

Lysiane Gagnon

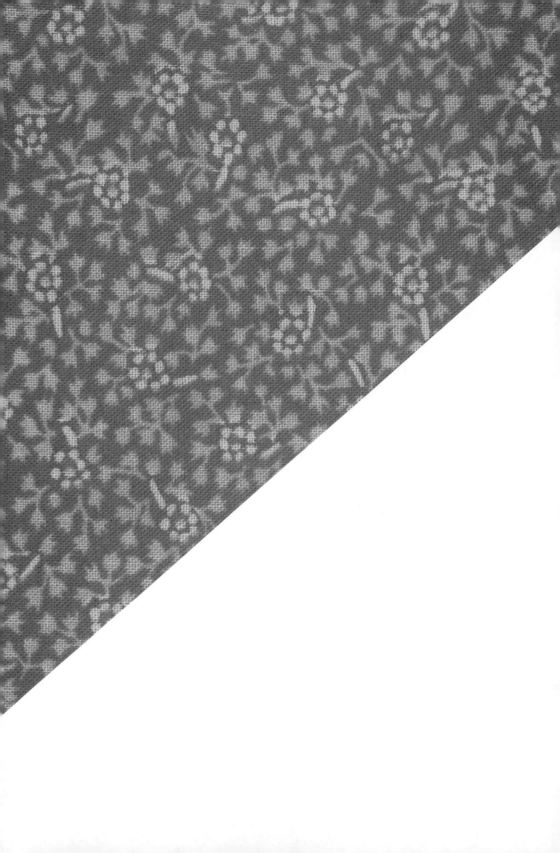

UNE ENFANCE
MONTRÉALAISE

———

C'est dans la cuisine de ma mère que j'ai développé le goût de la cuisine. Non pas que ma mère eût été très bonne cuisinière. Elle n'aimait guère les tâches domestiques. Elle avait toutefois de solides principes nutritionnels. « Il faut manger un peu de tout », disait-elle. De tout, et un peu : sage maxime, qui aurait sauvé bien des gens de l'obésité, du diabète et des folles dérives des régimes amaigrissants si elle avait été davantage mise en pratique.

Faisant d'une pierre deux coups, ma mère s'arrangeait donc pour servir à ses enfants, le midi, des plats santé qu'elle pouvait préparer en un temps record. Exemple : une soupe faite d'une boîte de maïs en crème additionnée de lait, précédée d'une salade de pommes et de chou vert. Pas si bête... Ou alors, un gros artichaut, que ma mère servait chaud, avec une sauce au beurre et au citron, car elle ne préparait jamais de vinaigrette. Cela tenait lieu de plat de résistance, et pourquoi pas ? C'était bon et nourrissant, et encore aujourd'hui l'artichaut reste l'un de mes mets préférés, avec cet autre légume au goût apparenté, mais plus fin, que j'ai découvert beaucoup plus tard : le topinambour. Je ne réalisais pas qu'à cette époque – nous étions dans les années 50 – rares étaient les Québécois qui savaient comment manger un artichaut.

Ma mère nous servait beaucoup de légumes et de fruits, et elle multipliait les ruses pour nous forcer à manger ce qui était bon pour nous. Mais nous avions aussi appris à détecter ses appâts : dès que nous voyions arriver une belle assiette d'oignons frits, nous savions ce qu'il y avait dessous : du foie de veau ! Nous mangions les oignons et laissions le foie sous le regard désolé de ma mère.

Elle préparait consciencieusement un plat de poisson par semaine, mais les tranches d'aiglefin ou de plie que vendaient les supermarchés étaient immangeables, et il n'y avait pas de poissonneries à l'époque, sauf peut-être dans le quartier portugais où ma mère n'aurait jamais eu l'idée d'aller.

Si elle n'aimait guère cuisiner, elle faisait toutefois de chaque repas un moment agréable. Nous restions longtemps à table pour parler de tout et de rien – de l'école, des potins du voisinage, des derniers bouquins qu'on avait lus. Tous les petits événements de nos vies alimentaient ces conversations du midi. La table n'est-elle pas le lieu par excellence des confidences et des échanges ? N'est-ce pas autour de la table familiale que les enfants apprennent à s'exprimer, à développer une idée, à converser ?

Assez jeune, j'héritai, à mon grand plaisir – et à celui de ma mère, délestée d'au moins un repas –, de la responsabilité du déjeuner du dimanche midi. Au menu : jambon à l'ananas ou gigot servi à l'anglaise, bien cuit, avec une gelée de menthe verte ou une sauce au vinaigre assaisonnée de feuilles de menthe séchées de marque Crosse & Blackwell. Cela n'avait rien à voir avec le gigot rosé à l'ail que l'on aime aujourd'hui, mais c'était quand même très savoureux.

Jusqu'aux années 60 environ, la petite bourgeoisie canadienne-française, dépourvue de modèles français, mangeait à l'anglaise : les plats de réception étaient ce même gigot, invariablement surcuit, ou alors un saumon poché recouvert d'une sauce béchamel avec des quartiers d'œufs durs et des pommes de terre cuites... à l'anglaise, comme il se doit.

Autre coutume répandue dans la bourgeoisie montréalaise : dans les dîners festifs, on plaçait devant chaque convive un petit plat d'argent contenant des noix de cajou et un autre contenant des pastilles de menthe blanche... de même qu'un cendrier d'argent individuel, puisque tout le monde fumait à l'époque. (J'ai hérité de ces petits cendriers, idéaux pour déposer les noyaux d'olives !)

Les épices venaient du commerce, et je ne me rappelle pas avoir dégusté des herbes fraîches dans mon enfance, sauf chez ma tante Bella qui avait épousé un Français et cultivait un potager. Je me souviens encore de la ciboulette qu'elle mettait dans ses salades et ses soupes aux poireaux.

On ne servait jamais de fromage à table, conformément à la mode anglaise. De toute façon, on n'importait pas de fromages français au Québec. Dans certaines familles, toutefois, on servait du stilton et du cheddar en guise de dessert, avec du porto, des raisins et des noix.

Le pain ? N'en parlons pas. Encore ici, on imitait les Anglais, qui n'étaient pas amateurs de pain. Et qu'aurait-on bien pu servir ? Ma mère achetait du pain « brun », ou un pain industriel de forme ovale (le pain Durivage si ma mémoire est bonne), qui était un peu plus intéressant que le pain carré Weston... jusqu'à ce que la maison Cousin, Dieu bénisse ses descendants, ouvre rue Labelle une boulangerie qui allait longtemps faire le bonheur des gourmets : enfin, un « pain français », comme on disait à l'époque, avec de la croûte et une pâte alvéolée !

Le vin ? Oubliez cela. Le cabinet à « liqueurs » de mon père contenait du scotch, du gin, du cognac, du bourbon, du Martini Rossi ainsi que de la crème de menthe pour les femmes. On buvait avant et après le repas : apéro et pousse-café... mais rien entre les deux.

Les générations de Québécois se définissent selon le vocable qu'ils utilisent pour nommer l'établissement qui vend de l'alcool. Celle de mes parents parlait de la « Commission des liqueurs ». La mienne, de la « Régie des alcools ». Nous disons maintenant la « SAQ », en prononçant chaque lettre, mais les moins de 40 ans, qui n'ont jamais connu autre chose, disent simplement la « Sac ».

La succursale de la Commission des liqueurs, dans le quartier de la Côte-des-Neiges, était un sinistre établissement qui ressemblait à l'antichambre d'une prison. De vieux messieurs tristounets officiaient derrière les comptoirs. Les bouteilles étaient cachées derrière eux, dans de profondes armoires. Il fallait savoir ce qu'on voulait, et il fallait, surtout si l'on était une jeune femme, affronter le regard désapprobateur des gardiens de la sobriété nationale. Même aujourd'hui, tant d'années après, je m'émerveille encore devant cette prodigieuse évolution qui a abouti à la SAQ que l'on connaît.

Je n'ai jamais vu ma mère faire une pâte à tarte, une tourtière, une farce, un ragoût de boulettes ou une dinde, bien qu'elle eût été élevée dans une famille de sept enfants qui célébrait les fêtes à la façon traditionnelle.

Quand j'étais enfant, ma mère, fidèle à son désir de passer le moins de temps possible dans la cuisine, a découvert avec enthousiasme les poudres à gâteaux de Mme Betty Crocker. Un œuf, un peu d'eau, et le tour était joué. Quant au glaçage, ce sont ses enfants qui héritaient du contrat.

C'est bien plus tard que j'ai découvert le plaisir de la pâtisserie, le seul art culinaire où le produit fini, transformé par les réactions chimiques induites par la cuisson, ne ressemble pas du tout à la préparation de base. C'est toujours une surprise, le plus souvent heureuse, quand vous sortez du four un plat complètement métamorphosé, ou quand la crème anglaise, petit miracle, commence à napper la cuiller. Mais la pâtisserie n'est pas faite pour les esprits trop indépendants, qui refusent de mesurer les ingrédients : dans ce domaine, on n'improvise pas, il faut suivre la recette à la lettre au moins pour les préparations de base.

J'ai toutefois hérité de ma mère une aversion pour les grosses volailles : je n'ai jamais fait cuire une dinde (de toute façon, je trouve cette chair trop sèche), et les trois ou quatre oies farcies que je me suis risquée à apprêter au cours des années ont toutes éclaté à mi-cuisson.

Je crois qu'il y a des plats qu'on n'apprend que dans la cuisine parentale. J'ai plusieurs fois tenté de reproduire, en suivant mot à mot la recette qui lui venait de sa mère, le ragoût de pattes et de boulettes de mon amie Denise, sans jamais le réussir vraiment. Ce n'était jamais «ça».

Ici, je pense qu'il en va de mon devoir patriotique de m'élever contre une légende urbaine particulièrement répandue, selon laquelle la poutine serait «le» plat traditionnel du Québec. Rien n'est plus faux.

Je n'en ai jamais entendu parler dans mon enfance, ni ma mère dans la sienne. La première fois que je suis tombée sur quelque chose d'approchant, c'était dans les années 70, alors que j'étais en reportage dans une polyvalente. Les élèves faisaient la queue à la cantine pour commander des «patates-sauce» – des frites baignant dans une lourde sauce brune.

La première fois que j'ai goûté à une poutine, assortie cette fois des fameuses crottes de fromage, c'était dans les années 80, alors que je couvrais une tournée électorale, et seulement à cause de l'insistance de collègues anglophones qui trouvaient la mixture délectable et me taquinaient en disant qu'une vraie *French Canadian Girl* ne pouvait ignorer la poutine. J'en ai pris deux bouchées, et pouah!

J'avais mis la poutine – cette effroyable faute de goût, cette ode au mauvais cholestérol! – sur le compte de la pénurie... Comment aurais-je pu croire qu'un jour la gastronomie québécoise serait définie par ce plat-là, et qu'un restaurant branché comme le Pied de Cochon aurait mis à son menu une poutine recouverte de foie gras et arrosée de fond de veau, ce qui ajoute l'insulte à l'injure! Tout le monde a le droit de s'amuser, mais la farce prend un tour franchement malsain. Tant qu'à y être, pourquoi ne pas rajouter sur l'indigeste édifice une couenne de lard et de l'huile de noix?

Les Québécois, qui sont de très fines gueules en comparaison de la masse des Nord-Américains, ne méritent pas cette étiquette adipeuse qui leur colle à la peau.

Il y a une cuisine québécoise traditionnelle, et elle est extrêmement savoureuse, sans toutefois avoir un caractère absolument distinct. Par exemple, la dinde qui trône sur nos tables à Noël se retrouve sur celles des Américains à l'Action de grâce. Même si les tourtières et les pâtés à la viande du Saguenay-Lac-Saint-Jean sont incomparables, l'Amérique anglophone a elle aussi ses *meat pies*, ses *chicken pot pies* et ses *meat loaves*. Le fameux «pâté chinois» est loin d'être spécifique au Québec. Les Écossais ont leur *shepherd's pie*, et les Français leur hachis Parmentier, la seule différence étant que les Québécois y ajoutent un produit bien autochtone, le maïs comestible (en Europe, on ne cultive qu'une variété de maïs, destinée aux animaux).

Le seul produit unique, à part les plantes de la forêt boréale, est peut-être le bleuet. Il y a partout des bleuets (des myrtilles en France), mais aucune variété n'a le goût délicat et sucré des petits bleuets du Saguenay et de l'Abitibi que l'on déguste ici en août et en septembre. Mais la flore, tout comme la faune, ignorant les frontières, peut-être ceux du nord de l'Ontario sont-ils aussi bons?

Généralement parlant, la cuisine québécoise traditionnelle est une cuisine nordique, basée, comme les cuisines d'Europe de l'Est, sur des produits qui se conservent facilement durant l'hiver: pommes de terre, choux, carottes, betteraves, navets... Tous ces légumes-racines se retrouvent dans les cuisines russe, polonaise ou juive ashkénaze, dont bien des plats ressemblent à nos plats traditionnels: chou farci, gâteau aux carottes, galettes de pommes de terre...

Toutes les cuisines sont d'origine populaire. La cuisine québécoise est historiquement une cuisine de pauvres, ce qui ne veut surtout pas dire qu'elle soit sans intérêt. Au contraire, les pauvres ont toujours su d'instinct comment tirer parti des produits qu'ils avaient à portée de la main.

Les paysans bourguignons faisaient tremper du pain dans un bouillon en y ajoutant une rasade de vin rouge. La paella espagnole n'avait au départ rien de luxueux, ce n'était qu'un mélange de riz, de légumes et de volailles de basse-cour auquel les habitants des côtes maritimes ajoutaient des fruits de mer, le tout assaisonné d'une épice locale: le safran. Le cassoulet était du même type, à cette différence près que, dans ce cas, les haricots secs tenaient la place du riz, et la viande (y compris le canard qu'on avait fait confire à des fins de préservation), celle des fruits de mer. *Idem* pour le couscous. Ici, la semoule remplaçait le riz et les haricots, les légumes venaient du pourtour méditerranéen (aubergines, poivrons...), et les épices étaient celles qu'offrait le Maghreb. Et que sont nos fèves au lard, sinon une variante nord-américaine du cassoulet français?

En Italie, le célèbre minestrone n'est qu'un assemblage des légumes qu'on a sous la main, additionnés de haricots secs et de pâtes. De même, la moussaka grecque utilise le légume du cru : les aubergines, auxquelles on mêle de l'échine d'agneau hachée, l'animal emblématique de la Méditerranée.

La bouillabaisse relève de la même économie pratique : les pêcheurs faisaient bouillir les poissons invendables avec des épices et garnissaient la soupe des restes de pain détaillés en croûtons et séchés par le mistral.

Qu'est-ce que le coq au vin? Une façon d'attendrir une chair dure et sèche en la faisant mijoter longuement dans du vin et le sang du volatile. On ne perdait rien, à ces époques lointaines : même le sang était utilisé – d'où, bien sûr, le boudin. Les Espagnols ont inventé leur fameuse soupe aux amandes parce que les amandiers poussent en abondance sur leur sol. On l'épaississait avec des morceaux de pain rassis ramollis dans l'eau et l'on pilait le tout à la main... Le même principe prévaut dans le pudding au pain nord-américain, la version québécoise utilisant le sirop d'érable local plutôt que le sucre ou la cassonade. Même le risotto, vu hors de l'Italie comme un mets sophistiqué (notamment parce qu'il exige vingt minutes de travail continu), a une origine populaire.

Autrement dit, dans la cuisine traditionnelle, vous trouverez toujours à peu près le même assemblage : un féculent (patates, riz, haricots secs, pâtes, semoule, polenta), des protéines (poisson, noix ou viande), des légumes, des épices et des herbes qui varient selon les régions.

Les Asiatiques, eux, ont tiré parti d'une plante extraordinairement polyvalente – le soja – qui poussait originellement dans le Sud-Est asiatique et leur apportait, en même temps que des protéines, des hormones végétales à vertus antioxydantes. On la trouve sous diverses formes dans les cuisines chinoise et japonaise, où le soja devient tour à tour sauce aromatique, huile, farine, lait, tofu, miso, pousses, fèves, pâtes...

Les mêmes phénomènes sont à l'œuvre quand il s'agit des produits laitiers : parce qu'il n'y a pas de bovins au bord de la Méditerranée, les sauces à la crème ne font pas partie du régime alimentaire courant, et les fromages locaux sont rares : on y trouve essentiellement des fromages de chèvre ou de brebis, le plus connu étant le roquefort, dont toutes les variantes sont fabriquées dans les caves de Roquefort-sur-Soulzon, dans le Haut-Languedoc. Autour de la Méditerranée, le lait de vache est remplacé par le yaourt de chèvre ou de brebis... comme il est remplacé par le lait de coco dans les cuisines asiatiques.

De fait, la majorité des humains ne peut digérer le lait de vache. Grosso modo, les habitants de l'Inde et les Européens du Nord (de même que leurs descendants... dont les Québécois de vieille souche) sont les seuls à en avoir dans leur régime alimentaire. La majorité des Africains, des Antillais, des Asiatiques et des Méditerranéens n'ont pas développé au fil des siècles les enzymes nécessaires à la digestion du lait de vache. Les Juifs, tant les ashkénazes d'Europe de l'Est que les sépharades (originaires d'Espagne et du Proche-Orient) partagent cette intolérance aux produits laitiers.

On pense que la paella est un plat d'apparat parce qu'elle contient des crevettes. Erreur. Ce n'est que récemment que les fruits de mer sont devenus des produits de luxe. Au début de la colonie américaine, les autorités interdisaient que l'on force les domestiques à manger du homard plus de trois fois par semaine !

Pendant des siècles, en Europe, c'est la viande qui fut le met le plus convoité. La chasse était l'apanage des nobles, les pauvres manquant tragiquement de protéines animales. L'une des premières avancées de la Révolution française fut d'accorder aux paysans le droit de chasser sur les terres communales. (Il serait intéressant de savoir si la perspective de pouvoir chasser librement le gibier n'est pas l'un des facteurs qui ont attiré les Français du XVIIe siècle en Nouvelle-France.)

Dans les zones fluviales ou maritimes, les poissons et les coquillages comme les moules et les palourdes étaient plus accessibles, on pouvait les pêcher avec des outils rudimentaires ou les grappiller le long des rives. Même chez nous, au Québec, les pêcheurs ont longtemps rejeté à la mer (ou gardé pour leurs repas familiaux) les produits qu'ils avaient en abondance et qui à l'époque n'avaient pas de valeur marchande – les foies de morue ou le corail des pétoncles, par exemple.

Le caviar relève d'un phénomène du même ordre : c'est la rareté ou la demande qui détermine le prix. Le cinéaste Denys Arcand raconte que, lorsque son père, capitaine sur le Saint-Laurent, se chargeait de conduire les navires russes à bon port, il recevait en cadeau d'énormes pots de caviar d'esturgeon – de l'esturgeon de Russie ! À la longue, la famille ne savait plus qu'en faire : «On en tartinait les toasts au petit-déjeuner ! » s'esclaffe Arcand.

L'ironie, c'est que tous ces plats populaires – la paella, la moussaka, le cassoulet, le couscous, le coq au vin – devinrent chez nous, durant les années 60, le summum de la gastronomie. Nous sortions à peine du régime rôti-de-bœuf-patates. Nous échangions gravement nos recettes de paella ou de cassoulet, comme s'il n'en existait qu'une, et comme si ces plats ne relevaient pas, dans leurs pays d'origine, de l'ordinaire le plus banal.

Nos grands dîners de l'époque tournaient autour de mets que les Espagnols, les Grecs et les habitants de Castelnaudary réservaient pour les fêtes de village ou pour les repas à la bonne franquette dans l'intimité familiale. Remarquez, cet engouement, tout naïf fût-il, était plus nutritif que l'héroïque essai de mon ami Louis-Bernard, qui nous reçut un jour, il y a bien des années de cela, avec une entrée de poireaux vinaigrette. Petit problème, il n'avait pas fait cuire les poireaux ! Il a appris depuis. Le cher homme est passé maître dans la préparation du «spaghetti italien», son plat-signature.

LE TAGINE
DE MOHAMAD

———

Nous avions quitté Marrakech au petit matin pour prendre la route du sud, à travers les montagnes de l'Atlas et en longeant la vallée du Draa. Vers 13 heures, au centre d'un village, un bouiboui offrait aux visiteurs, dans une cour délabrée, quelques meubles de jardin en plastique bancals et poussiéreux. Mais l'endroit était irrésistible, à cause de l'odeur que dégageaient les tagines qui cuisaient doucement sur la grille d'un barbecue posé sur la balustrade de ciment qui bordait la route.

L'endroit était plein. Heureusement, il restait une table. Ahmed nous servit son tagine dans une assiette ébréchée avec des couverts de vilain métal. C'était délicieux, nous avons fini à regret ce festin en nettoyant nos assiettes avec du pain. Les tagines d'Ahmed étaient encore meilleurs que ceux que nous avions dégustés, quelques jours auparavant, dans d'excellents restaurants de Marrakech.

Nous avons repris la route, entre les oueds desséchés, les grasses palmeraies et les austères casbahs. Plus on descendait vers le sud, plus on sentait l'Afrique. D'un village à l'autre, la peau des habitants devenait plus foncée, et les couleurs de leurs voiles, de plus en plus vives et éclatantes. Il passait si peu d'autos sur cette route que, dans chaque village, les gens s'y réunissaient pour palabrer comme sur une place publique. Ils se dispersaient sans se presser pour nous laisser passer.

Passé Ouarzazate, quelques kilomètres au nord de Zagora – la porte du désert –, une maison d'hôte nous attendait dans le hameau d'Amazraou. Une jolie maison en pisé couleur de sable tenue par une charmante Française, qui, pour accompagner le repas, nous servait du vin en cachette, dans des verres opaques, histoire de ne pas soulever l'animosité des villageois. Elle avait organisé pour nous, le lendemain, une excursion en chameau dans le désert, laquelle incluait une nuit sous une tente berbère.

Je n'étais pas particulièrement enthousiaste à l'idée de voyager à dos de chameau et de passer 24 heures sans eau courante ni sanitaires. Mais après le premier instant d'énervement – être juchée sur un chameau quand il se relève, c'est tout une expérience! –, je me suis bien habituée au rythme dodelinant de la promenade, qui nous emmenait, mon mari, nos deux guides, moi-même et nos trois chameaux, dont l'un portait la tente et les provisions, dans un paysage de dunes modelées par des vents continus. D'où l'utilité du chèche, le long voile de coton que revêtaient nos guides, à l'instar des Touaregs, pour se protéger à la fois du soleil et du sable.

Nous avons fait presque tout le trajet à pied, par pitié pour nos muscles désagréablement tendus par l'énorme bosse de l'animal. D'ailleurs, notre guide Mohamad, le propriétaire des bêtes, et son adjoint Ahmed nous ont avoué qu'eux-mêmes ne s'étaient jamais habitués à l'inconfort de leur monture et préféraient marcher à côté de leurs chameaux.

C'était un plaisir que de converser avec Mohamad Sirirou, un Berbère qui, avec ses lunettes à monture fine, sa vaste culture des lieux et son français impeccable, ressemblait davantage à un instituteur qu'à un chamelier. (À la maison d'hôte, on nous avait dit que Mohamad était le seul homme du village dont la femme participait aux repas quand il y avait des invités plutôt que d'être reléguée à la cuisine. Père de neuf enfants, il tenait à ce que ses quatre filles aillent à l'école aussi longtemps que leurs frères. Depuis notre rencontre, sa toute petite entreprise a pris son envol. Son site Web est du dernier cri, et son fils Mustapha s'occupe de la cuisine lorsqu'il amène des touristes pour des tournées de plusieurs jours dans le désert.)

Finalement, après quatre heures de marche, nous sommes arrivés au lieu du campement. Nous n'étions qu'à quelques kilomètres au sud de Zagora, la dernière localité avant le Sahara, mais nous pouvions nous croire seuls au monde, dans cette étendue infinie de sable mordoré, sous un ciel immense que le soleil couchant teintait de couleurs fabuleuses. Mohamad et Ahmed ont prestement monté la tente, un grand abri séparé en deux par un rideau – d'un côté notre «chambre», de l'autre la pièce commune qui ferait office de salon et de cuisine, et où dormiraient nos nouveaux amis.

Mohamad avait sorti la théière et installé le tagine d'argile sur un poêle portatif qui fonctionnait au butane. Déjà, des odeurs d'ail, de cannelle, de cumin et de gingembre commençaient à embaumer la tente, quand soudain Ahmed surgit en criant en berbère que les chameaux avaient rompu leurs liens et s'étaient enfuis dans le désert. La raison : un troupeau de chameaux qui comprenait quelques femelles en chaleur était passé non loin du campement. Nos trois mâles avaient pris la poudre d'escampette pour les suivre.

Il se passa un bon moment avant qu'Ahmed réussisse à les récupérer. Les deux hommes les attachèrent solidement en leur entravant les pattes. Le tagine cuisait lentement. L'aventure, la marche et le brusque soulagement de constater que cette expédition imprévue se déroulait si bien m'avaient creusé l'appétit, et les odeurs que dégageait l'ustensile de terre cuite avaient quelque chose d'enivrant.

La nuit était tombée lorsque, second coup de théâtre, les bêtes s'échappèrent de nouveau. Cette fois, c'est Mohamad lui-même qui partit à leur recherche dans la noirceur opaque. Je commençais à m'inquiéter à l'idée que le pauvre allait chercher trois chameaux en pleine nuit et en plein désert, muni d'une simple lampe de poche… Comment repartirions-nous demain, sans nos chameaux? Et Mohamad, dont ces bêtes étaient le gagne-pain, que deviendrait-il?

Ahmed avait éteint le feu sous le tagine, et nous attendîmes en silence, car Ahmed ne parlait que le berbère. Ce n'est qu'une heure plus tard que Mohamad revint, en sueurs et fourbu… accompagné du jeune nomade arabe qui conduisait l'autre groupe de chameaux. Comme Mohamad s'était rendu compte que rien ne viendrait à bout de l'appétit sexuel de ses bêtes, il avait proposé au nomade de dévier de sa route pour conduire son troupeau jusqu'à notre campement, en échange de quoi nous lui fournirions gîte et couvert. Dociles et heureux en compagnie des chamelles, nos trois mâles allaient rester à quai.

Mais comment diable Mohamad avait-il réussi à retracer ses chameaux? Aux empreintes, dit-il, au bruit, à l'odeur… Mais tous les chameaux n'ont-ils pas les mêmes sabots et la même odeur? Ah! que non! C'est comme pour les humains, chaque chameau a ses caractéristiques…

Ahmed ralluma le feu sous le tagine. Tout le monde était mort de faim. Ce plat, que nous avons partagé avec nos trois chameliers, assis en cercle sur des couvertures qui sentaient le chameau – et sans même que j'aie pu me laver les mains au savon, moi qui normalement ne touche jamais à la nourriture sans passer au lavabo –, ce plat, donc, était encore meilleur que le tagine d'Ahmed que nous avions mangé la veille, sur la route. C'était, de loin, le tagine le plus parfumé et le plus savoureux que j'aie jamais dégusté.

Le tagine est un plat simple. Des morceaux de viande, de poisson ou de volaille – dans ce cas-ci, de l'agneau – qui mijotent dans un peu d'eau avec quelques légumes, assaisonnés d'un mélange d'épices dont la cuisson aura dégagé les arômes. Aucune goutte de vin – islam oblige – pour rehausser la sauce. Même pas de bouillon de poulet ou de bœuf. Certains font saisir la viande avant de la cuire (ce serait le premier réflexe d'une cuisinière formée à la française), mais Mohamad avait commencé son tagine à cru, comme le veut d'ailleurs la recette traditionnelle, car ce n'est que depuis récemment que l'on vend des tagines à fond de fonte capables de supporter le feu vif.

Comme dans tous les plats mijotés, qui sont à l'origine des plats de pauvres, le secret de la réussite tient non pas d'abord à la qualité de la viande, mais aux épices et à la lenteur de la cuisson. (Le joli ustensile éponyme a moins d'importance qu'on le croit, on peut faire d'excellents tagines dans un chaudron à couvercle plat.).

Mais pourquoi les tagines de Mohamad et d'Ahmed nous avaient-ils autant ravis ? Les aurions-nous trouvés aussi bons si on nous les avait servis dans un restaurant ordinaire, dans un contexte normal ?

C'est ici qu'intervient une dimension fondamentale du goût et de la gastronomie : la hauteur des attentes. Allez dans un trois-étoiles célébré par tous les critiques. Vous en avez parlé pendant des semaines, vous vous êtes réjoui à l'avance du festin que vous alliez y faire. Il se peut fort bien que vous soyez déçu, car vos attentes étaient trop élevées. Arrêtez-vous, au petit bonheur la chance, dans un bouiboui peu invitant. Vous n'espérez rien, sinon vous restaurer le moins malproprement possible pour pouvoir continuer la route. C'est bon ? Comme vos attentes étaient nulles, votre plaisir sera à la mesure de la surprise.

Je ne souscris pas à cette affirmation démagogique que l'on entend souvent et qui prétend que la cuisine paysanne serait objectivement meilleure, en tout cas plus savoureuse ou plus goûteuse, que la cuisine des riches, celle qu'offrira par exemple un restaurant bien tenu doté d'un chef de talent. Cela voudrait dire que la fraîcheur et la qualité des ingrédients, de même que le savoir-faire professionnel, ne comptent pour rien du tout.

La vérité, c'est qu'il y a dans le plaisir que l'on prend à déguster un plat une bonne part de subjectivité... C'est le syndrome de la tourtière de grand-maman, qui serait, si l'on en croit le souvenir ému qui flotte dans les familles, la meilleure tourtière au monde. C'est faux, bien sûr. Les papilles ne donnent pas toujours l'heure juste, car le goût est aussi une affaire de sentiments et de nostalgie. Comme l'amour, c'est une affaire qui commence dans la tête avant de stimuler les sens.

J'ai eu la même expérience en Inde, après une semaine au Rajasthan et une semaine à New Delhi, où nous avions mangé dans de très bons hôtels de la nourriture assez savoureuse, mais terriblement répétitive. À la fin, tous ces plats surcuits finissent par se mélanger dans une bouillie épicée à peine égayée par des sauces trop sucrées et l'insipide raïta.

Des amis nous ont suggéré un «vrai» restaurant. Un établissement à deux pas de la grande mosquée Jama, dans la vieille ville musulmane d'Old Delhi. Cela ne sortait pas du tout des sentiers battus, car il s'agissait d'un établissement assez connu, qui avait gardé son caractère artisanal, mais dont la qualité avait attiré des générations de touristes. Ce qui était, pour ainsi dire, «exotique», était son emplacement, dans une ruelle d'une saleté repoussante encombrée d'animaux faméliques – chèvres, chiens, vaches sacrées et autres vestiges omniprésents des superstitions hindouistes –, au cœur d'un quartier où affluaient matin et soir des mendiants affligés d'abominables infirmités, qui quêtaient quelques roupies aux touristes, plusieurs en se traînant par terre faute de jambes.

On pourrait croire que de marcher à travers ce dédale dédié à la misère humaine vous couperait l'appétit. Hélas, la nature est ainsi faite que, sous l'effet d'un certain traumatisme mâtiné de culpabilité, l'appétit semble redoubler, comme si l'organisme se défendait sauvagement contre l'empathie qui, devant l'intense malheur du tiers-monde, menace de vous engloutir dans un sentiment de compassion sans issue, parce que vous n'y pouvez rien.

Notre restaurant, à Old Delhi, était logé au fond d'une impasse encombrée de miséreux. Son four à pain était quasiment dans la rue, mais il s'en dégageait une odeur divine de beurre et de pâte grillée. À l'intérieur, dans de petites salles sombres au mobilier rudimentaire, on vous servait des plats fortement parfumés qu'on épongeait avec des naans encore tout chauds. Ce fut le meilleur repas indien de notre vie, à l'exception de ceux que nous avons dégustés chez nos amis les Haji et les Kazmi, tant il est vrai que la cuisine indienne n'atteint le degré idéal de subtilité que lorsqu'elle est préparée à la maison.

J'ai ressenti la même chose à Salvador de Bahia, la ville la plus africaine du Brésil… comme par hasard la plus indigente, mais celle où la musique est la plus belle – les bouleversantes mélopées du Nord brésilien n'ont rien à voir avec la banale samba de Rio –, celle aussi où la cuisine est la meilleure.

Aux gigantesques steaks de Rio dont se bourrait la clientèle des parvenus, pendant que les enfants maigres des favelas grattaient aux vitres des restaurants, répondaient les succulentes *moquecas* de Bahia, où le poisson cuit doucement dans une sauce à l'huile de palme, aux tomates et au lait de coco, relevée de coriandre et d'oignons. Mais le prix en était qu'il fallait au préalable traverser une partie de la vieille ville de Bahia, qui était à l'époque (dans les années 80) un cloaque boueux où les rats couraient parmi les enfants et les chèvres.

L'expérience du voyage peut être trompeuse, car sous le coup de l'émotion – la peur, le soulagement, l'émerveillement –, nos sens nous trahissent. Séduit par le contexte, par la beauté des paysages et l'accueil des habitants, on perd un peu la raison. Depuis des années, une bouteille de rhum artisanal et du sirop de canne rapportés de Martinique traînent dans une armoire. Envoûtés par la chaleur et la langueur de l'île, par les odeurs que dégageaient les blaffs de poisson et le boudin créole, nous nous étions imaginé que nous voudrions boire des punchs antillais à Montréal. Hélas, une fois revenus à la maison, cette boisson trop sucrée avait perdu son attrait. Le punch appartenait à nos souvenirs des Antilles et n'avait plus sa place chez nous.

ART OU ARTISANAT ? *

———

En guise d'amuse-gueule, Alain Passard (L'Arpège) vous offre un œuf de caille cru. Au fond de sa coquille délicatement tronquée, l'œuf gît sous une légère crème de ciboulette relevée d'une goutte de... sirop d'érable. Michel Trama (L'Aubergade), quant à lui, sert la pomme de terre la plus chère au monde : enveloppée d'une feuille de bette étuvée, la pomme de terre a été reconstituée après avoir été découpée en larges tranches, entre lesquelles sont insérées des lamelles de truffe d'égale épaisseur.

Si tout cela est évidemment délicieux, la grande création culinaire n'a toutefois pas plus de rapport avec la bonne cuisine que les extravagants défilés de haute couture n'en ont avec la simple élégance vestimentaire. La bonne cuisine est de l'artisanat, la haute cuisine est un art : une fête exceptionnelle, une provocation des sens et de l'esprit.

———

* Certains passages de ce texte sont tirés d'un article que j'ai publié sous le titre « Art comestible », dans l'édition de novembre 1997 du magazine *En Route*.

Tout comme l'art véritable, la haute cuisine est à l'avant-garde. À chaque époque, elle se définit contre l'ordre établi, bouleversant les habitudes avec un plaisir subversif. Mais tout comme l'art, elle bâtit sur l'acquis et intègre les éléments principaux des révolutions précédentes. La haute cuisine se juge comme les œuvres des grands musées et des galeries contemporaines. On peut l'aimer instinctivement – la goûter avec plaisir –, mais il faut, pour vraiment la comprendre, situer l'œuvre dans son contexte, savoir ce qui l'a précédé.

La «nouvelle cuisine» des années 70 et 80 était une réaction contre la surabondance et les excès de la gastronomie classique – laquelle, devenue bourgeoise, était déjà considérablement simplifiée par rapport aux festins à 15 services dont l'aristocratie se repaissait.

Aux saveurs complexes des plats longuement mitonnés et aux lourdes sauces à la crème allaient donc succéder des compositions épurées et des cuissons rapides préservant les saveurs distinctes ainsi que des sauces courtes et allégées. Le tartare de poisson, moins calorique, remplaçait le tartare de bœuf. Après le dépeçage en salle et le service sur guéridon s'imposait le dressage sur l'assiette, moins convivial, mais beaucoup plus esthétique.

L'assiette, dont la taille allait s'élargir à mesure que les portions rapetissaient, était composée comme un tableau et présentée sous cloche. Bernard Pacaud (L'Ambroisie) déposait, au centre d'une très grande assiette blanche, une cuillerée de mousse aérienne de poivrons rouges au goût si délicat qu'il fallait presque y réfléchir pour le percevoir. Toujours ce besoin de dépouillement : les murs lambrissés et les lustres imposants faisaient place à de sobres décors aux teintes pastel.

Ce n'est pas un hasard si l'influence prédominante, dans la nouvelle cuisine française, a été l'art culinaire japonais – ses cuissons minimales, ses goûts subtils, son souci de l'esthétique, son respect pour les saveurs naturelles.

Mais une fois établie, donc galvaudée, l'école de la nouvelle cuisine allait décliner sous les sarcasmes des amateurs de bonne chère, qui en avaient assez de se faire servir à fort prix des plats pour femmes du monde anorexiques. La nouvelle cuisine avait en outre engendré trop de combinaisons prétentieuses et insipides, comme l'utilisation immodérée du kiwi et des fraises.

Du coup, le pendule se déplaça vers l'autre pôle, du côté de la saine gourmandise et des saveurs affirmées. Chez Marc Meneau, du restaurant éponyme, à Vézelay, on allait jusqu'à l'impensable en vous offrant carrément une seconde portion! Foin de la subtilité japonaise: les goûts devaient maintenant être très prononcés – les plats salés, hyper-salés; la pâte feuilletée, hyper-sucrée, parsemée de gros grains de sucre... et les noix caramélisées, au digestif, recouvertes d'une épaisse couche de caramel.

Réagissant contre le raffinement élitiste de la nouvelle cuisine, Meneau réhabilitait les légumes «vulgaires»: betteraves, navets, haricots, céleri...

C'était le début du retour au terroir. Les chefs ne juraient plus que par le gras-double, l'andouillette, les joues de cochon, les pieds de porc... et l'humble sardine était élevée au rang de l'écrevisse et du turbot. La farine de châtaigne, naguère utilisée par les pauvres pour faire le pain parce qu'on ramassait les châtaignes dans les bois, entrait chez les meilleurs pâtissiers.

C'est la capacité d'innovation qui distingue le grand chef de l'honnête restaurateur.

Certes, à peu près tous les aliments ont été essayés. Le défi est de renouveler la façon de les combiner et de les apprêter. Ainsi on a redécouvert d'anciennes techniques de conservation pour transformer les textures et les saveurs: le fumage, les marinades au vinaigre, la fermentation sur le modèle du kimchi coréen (chou fermenté avec des épices). On fume non seulement les poissons, mais également les poivrons, la feta ou les carottes, on fait mariner la couenne de porc aussi bien que les radis...

L'alliage surprenant du noble et du rustique continue de marquer la gastronomie actuelle. Joël Robuchon conjugue le caviar et la crème de chou-fleur ; Didier Banyols, les moules et les lentilles ; Frédy Girardet, les crevettes et le chou frisé ; Michel Trama, les truffes et le poireau. L'humble topinambour se retrouve sur les plus grandes tables, de même que la polenta. Marc Veyrat va à l'extrême avec des haricots «à l'essence de terre» et une «soupe à la farine brûlée et au lard maigre».

Le terroir reste présent, mais on a conservé les acquis fondamentaux de la nouvelle cuisine, dont la fraîcheur et l'ouverture sur le monde. L'exotisme, du gingembre au soja en passant par le yuzu, a été totalement intégré. Les sauces lourdes et complexes sont remplacées par des bouillons aux herbes, des jus de viande et des huiles (de coriandre, de crustacés...). Au déglaçage, le vinaigre de xérès, plus acide, a remplacé le vinaigre balsamique, en même temps que les chefs commençaient à cultiver l'amertume, ce goût acquis plutôt qu'inné. D'où le succès des endives, du radicchio, du radis noir ou du daikon japonais.

Tout comme l'art d'avant-garde, la gastronomie doit surprendre et provoquer. Les légumes passent au dessert, comme la confiture d'endives de Jean-Claude Fabre ou le sorbet de poivron rouge de Guy Martin, tandis que le sabayon (de langoustines) et le clafoutis (de cèpes) passent à l'entrée, de même que la crème brûlée au foie gras d'Anne-Sophie Pic.

Même cheminement, à l'inverse, pour les herbes et les épices naguère associées aux plats salés, que l'on retrouve au dessert. Alain Passard clôt le repas avec sa tomate confite, farcie de fruits, d'épices et de noix... Il suffisait d'y penser : la tomate n'est-elle pas un fruit ? Laurent Godbout, à Montréal, sert des amuse-bouche en forme de cornet de crème glacée, et un dessert en forme de club sandwich monté avec des préparations sucrées et des aiguillettes d'ananas en guise de frites.

La tendance au méli-mélo du salé et du sucré s'est accrue avec l'apparition, tout dernièrement, d'amuse-bouche chocolatés et de desserts à base de légumes. À New York, Tokyo ou Paris, on crée des cheesecakes au fenouil, des monts-blancs à la pomme de terre, des gâteaux aux asperges, le tout s'inscrivant dans la ligne de la cuisine santé : « Avec les légumes, dit le chef français Christophe Boucher, on fait des desserts moins sucrés, moins gras, plus imaginatifs et diversifiés… »

Principe sacro-saint hérité de la nouvelle cuisine : le respect des saveurs naturelles. Dans les années 90, Alain Dutournier (Le Carré des feuillants) poussait la tendance à bout, en servant un jarret de veau rôti sans assaisonnement, qui au final ne goûtait presque rien. Même chose pour le faisanneau de Passard. Mais attention, les bêtes étaient parfaites. Le nec plus ultra des meilleurs produits, cuits légèrement et sans apprêt, voilà l'idée. Rien que des lentilles du Puy, des truffes du Périgord, du poulet de Bresse, du homard de Bretagne, du cochon noir du Sud-Ouest, des huîtres du Cotentin, de l'agneau de pré-salé, des poissons de petits bateaux… Au début du siècle, Michel Bras défiait les conventions en servant, en guise de sauce pour accompagner un râble de lapin, de la peau de lait. Cette couche qui se forme quand le lait a bouilli n'est pas ce qu'il y a de plus appétissant, mais c'était du lait des vaches de l'Aubrac…

Autres tendances nées dans les années 90, le mélange des textures et les compositions en hauteur. La peau croquante du saumon cuit à l'unilatéral contraste avec la moelleuse purée revenue à la mode. La branche de thym est piquée sur le mets, comme une fleur au chapeau. Les plats étagés sont tendance, sur le modèle des créations de Normand Laprise (Toqué !) : c'est le coup d'œil qui compte, car évidemment, pour les déguster, il faut faire dégringoler le joli montage !

Partout l'on fusionne, croisant audacieusement les influences italienne, française, thaïlandaise, japonaise ou américaine. En Espagne, on réinterprète la traditionnelle morue séchée. En Angleterre, le *fish and chips* graisseux retrouve une finesse surprenante sous la main des jeunes chefs formés à l'école française et, dans notre pâté chinois, l'émincé de canard confit remplace le bœuf haché…

Le poisson est servi avec un jus de viande, la lotte bardée de lard fumé. Là encore, l'inspiration vient du terroir : qu'est-ce que la paella ou le *porco alentejana* portugais (porc et palourdes), sinon l'association du *surf* et du *turf* ?

Portées par l'engouement pour les tapas, qui conviennent idéalement aux dîners conviviaux entre amis, et aussi par le désir de réduire les calories, les verrines et les cuillères garnies ont fait une entrée en trombe dans la gastronomie. Mélange, fusion, métissage, chambardement des habitudes...

Tel-Aviv est la ville par excellence de la fusion culinaire, car Israël a été formé d'immigrés des quatre coins du monde, des pays arabes aussi bien que de l'Europe de l'Est. De jeunes chefs comme Yotam Ottolenghi (un Juif) et Sami Tamimi (un Palestinien), désormais installés à Londres, se sont inspirés de ces multiples traditions en les réinterprétant avec audace.

L'un des apports les plus stimulants est venu d'un Américano-Coréen, David Chang. Son restaurant phare de Tribeca, Ko (partie de la chaîne Momofuku), n'a qu'un comptoir à 12 couverts. Pour 125 dollars (un rapport qualité-prix exceptionnel), on vous sert un menu dégustation, une succession de bouchées réalisées avec art par les cuisiniers qui s'activent derrière le comptoir, lesquelles sont autant de surprises délectables, fondées sur des associations novatrices et éclectiques, avec, pour la texture et la surprise, des clins d'œil au kitsch culinaire américain : popcorn, Rice Krispies...

Plusieurs restaurants ont repris cette formule, comme Yo-Ma à Boston, dont le chef (non japonais) crée des bouchées basées sur des concepts nippons revisités par la cuisine moderne occidentale. Ainsi des sashimis de chanterelle à l'écume de sésame, des côtes levées braisées au saké, du tartare de thon aux truffes...

Acquis permanent de la nouvelle cuisine : la cuisine du marché – une appellation un peu abusive dans la mesure où cela correspond à la pratique de toute bonne ménagère, qui composera son menu à partir de produits frais. Dans la restauration, cela signifie que la carte se renouvellera plus que jamais au rythme des saisons.

Autre expression qui prête à confusion, le *slow food*, qui a marqué l'entrée dans le XXIe siècle. On pourrait croire qu'il s'agit de plats mijotés lentement, mais en fait, il s'agit simplement d'un mouvement d'opposition au *fast food*, le *slow food* désignant ici la bonne cuisine authentique, qui est le contraire de la production industrielle.

À travers ces multiples évolutions survint pourtant un moment révolutionnaire : l'apparition de la cuisine moléculaire, avec le Barcelonais Ferran Adrià. Une révolution qui fut, comme le signale Thierry Dussard dans le *Nouvel Observateur*, « ce que le cubisme fut à la peinture : une rupture. Rien ne sera plus comme avant[1]... »

En gastronomie comme dans les domaines de la littérature et du théâtre, de furieuses querelles ont souvent opposé les Anciens et les Modernes. Dans les années 70, alors qu'apparaissait ce que Gault et Millau avaient baptisé la « nouvelle cuisine », un critique français la qualifiait de « gadget destiné à rapetisser les portions et à servir la carotte au prix du caviar ».

La cuisine moléculaire eut des détracteurs encore plus féroces, qui accusèrent Adrià et son imitateur anglais, Heston Blumenthal, du restaurant The Fat Duck à Londres, d'empoisonner leurs clients – ce qui, à vrai dire, n'était pas totalement faux, les cas d'intoxication dus à la cuisine moléculaire ayant été relativement nombreux.

En mai 1996, Marc Veyrat et la garde montante ont été fustigés par l'establishment culinaire pour haute trahison des traditions franco-françaises : abus d'épices « étrangères », culte du « n'importe quoi dans l'assiette »... Les accusés ont répliqué en criant au racisme. D'un côté comme de l'autre, on exagérait abondamment. Mais l'exagération n'est-elle pas le propre des artistes ?

On assiste moins souvent, aujourd'hui, à ce genre de querelle, parce que le monde de la gastronomie a éclaté en de multiples tendances venues de divers points de la planète et qui se répercutent ensuite partout, dans un perpétuel mouvement de va-et-vient. Il n'y a plus l'ancienne méthode et la nouvelle, il n'y a qu'une multitude de tendances qui coexistent, s'entrechoquent et s'interpénètrent.

La gastronomie s'est mondialisée au même titre que les autres arts. Au Festival Montréal en lumière de 2011 apparaissait une floraison d'ingrédients surprenants : mezcal du Mexique, polenta brésilienne, lait de cacahuète, jicama, macis, sciure de cèdre japonais, et même l'ancestral verjus des vignerons français...

La cuisine qui monte est... au Pérou, où l'on déguste des quinotto de quinoa, des filets d'alpaga et des émincés de volaille aux piments, des ceviches relevés d'épices inconnues chez nous, dans des restaurants qui, selon le journaliste globe-trotteur André Désiront, «n'auraient pas déparé à Tribeca ou à Milan»! Le Pérou, patrie d'origine de la pomme de terre, en possède 3000 variétés. Encore ici, et ce n'est sûrement pas un hasard, l'influence japonaise est marquante : le pays compte en effet 90 000 Japonais d'origine dans une population de 30 millions d'habitants.

Le fameux Noma, à Copenhague, ouvre de nouveaux horizons en ne servant que des produits récoltés dans les zones nordiques : adieu le citron, l'huile d'olive et les tomates, bonjour les algues, l'oseille sauvage, le sureau, les noix de hêtre, les poissons fumés à l'ancienne et les crevettes crues, les baies aux noms imprononçables et les épines de sapin ! La journaliste Marie-Claude Lortie se souvient d'une entrée de crudités plantées dans de la «terre comestible», faite d'un mélange de farine de malt grillée et de poudre de noisettes liées par de la bière noire. Détail provocant, on utilise à l'occasion des pattes de fourmi pour saler les plats...

L'avant-garde est passée de la Catalogne à la Scandinavie. L'austérité et la rigueur puritaine de René Redzepi, le chef du Noma, qui a remplacé Ferran Adrià au firmament des *foodies*, n'est pas sans rappeler la pureté idéologique du mouvement cinématographique *Dogma* de Lars von Trier. Là où Adrià exploitait les techniques futuristes de l'industrie chimique, Redzepi retourne au contraire aux techniques de fumage et de cuisson ancestrales.

La nouvelle cuisine scandinave, bien dans l'air du temps, intègre à merveille les préoccupations écologiques : que des ingrédients locaux qui n'ont pas voyagé ! L'essence même du locavorisme...

Le mouvement environnementaliste a en effet été l'influence déterminante des dernières années. Une influence qui, intelligemment assimilée par les meilleurs chefs, n'a fait que rehausser la qualité de la gastronomie. Ainsi, on a découvert, au Québec, le principe majeur que la France applique depuis longtemps, celui de la traçabilité des aliments. Normand Laprise, à Montréal, a été l'un des premiers à indiquer ses fournisseurs sur sa carte – maraîchers, éleveurs, fromagers –, ce qui en soi constituait un formidable encouragement à l'agriculture de qualité.

Le souci moral – la protection de l'environnement, la préservation des espèces marines, le refus des techniques destructrices de production industrielle dans la pisciculture, l'élevage et l'agriculture – est désormais une partie intégrante de la gastronomie.

Le Japon reste omniprésent, grâce au savoir-faire délicat et à la conscience professionnelle exceptionnelle de ses artisans. La qualité des tables japonaises est telle que le *Michelin* publie un guide spécifique à ce pays. À Paris, plusieurs parmi les meilleurs restaurants portent l'empreinte du Japon : soit ils appartiennent à des chefs-propriétaires japonais, comme Kei Kobayashi (Kei), soit le chef est japonais, comme Shinichi Sato au Passage 53, Hiroki Yoshitake au Sola ou, dans un registre beaucoup moins coûteux, Katsunori Nakanishi au Cette.

Au Québec, l'approche japonaise a aussi marqué les chefs. C'est le cas, par exemple, au Filet, le délicieux restaurant de Claude Pelletier et Hubert Marsolais, tout comme au Bouillon Bilk de François Nadon.

On dit souvent que les menus constitués de mini-portions, comme au Ko à New York, sont inspirés par la tradition des tapas. Il faudrait plutôt y voir l'influence du *kaiseki*, le banquet japonais. Des restaurants montréalais comme Pinxto et Tapeo ont raffiné le concept, mais, à l'origine, les tapas sont des bouchées simples, généralement préparées à la va comme je te pousse, que l'on commande pêle-mêle au comptoir des cafés et des bars espagnols. Le repas-dégustation du Ko et de ses semblables est au contraire constitué, comme le *kaiseki*, d'une succession très planifiée de mets qui se complètent et dont chacun met en vedette un produit de saison présenté de manière surprenante et esthétiquement séduisante.

Et la roue continue de tourner, sur le mode de l'action-réaction...
À l'aube de 2004 s'esquissait déjà une réaction à l'engouement pour la cuisine moléculaire. Et voici que le monde de la restauration, qui avait agressivement tourné le dos aux grandes traditions, en redécouvre les vertus. En 2013, au chic festival de gastronomie de South Beach, à Miami, les plats-vedettes étaient des classiques de la cuisine française!

«La grande cuisine du pays d'Escoffier et des frères Troisgros est en train de revenir tranquillement à l'avant-plan», notait Marie-Claude Lortie.

Rebonjour le saumon à l'oseille, la poularde en vessie, le canard au sang, le lièvre à la royale, les quenelles de brochet et la poire belle-Hélène... Même David McMillan (Joe Beef) s'y est mis, avec son homard à la parisienne!

Pendant ce temps, en France, la roue tourne parfois dans l'autre sens: les Parisiens branchés n'en ont plus que pour le hamburger (format mini, en version raffinée) et le répertoire multiethnique des boulettes de viande... qu'ils appellent évidemment *meatballs*. Et ils ont accueilli avec joie, sous le nom de *streetfood*, les camions-cantines – pardon, les *food trucks*! – qui font les beaux jours de New York et, depuis peu, de Montréal.

Toujours, partout, l'exploration, la recherche, la nouveauté...

—

1. Thierry DUSSARD, «Les fourneaux de la gloire», dans *La cuisine: une passion française*, Le Nouvel Observateur, hors-série n° 86, mai-juin 2014.

LE REPAS
EN FAMILLE

———

J'ai très souvent interviewé des gens au restaurant parce que le contexte, plus détendu, se prête davantage aux confidences qu'un bureau impersonnel (mais c'était avant que le niveau du bruit, dans la plupart des restaurants, empêche toute conversation soutenue).

Or, j'ai été plus d'une fois frappée par le fait qu'un bon nombre de mes «interviewés» étaient incapables de parler tout en mangeant... avec le résultat que mes interlocuteurs, qui parlaient évidemment plus que moi puisque je ne faisais que poser des questions, n'avaient pas encore touché à leur assiette alors que j'avais fini la mienne depuis une éternité. J'étais obligée de leur accorder une pause et de me taire en les regardant finir leur plat.

Ces personnes s'étaient-elles fait répéter durant toute leur enfance qu'il ne faut pas parler la bouche pleine ? C'est possible. Il y a pourtant une façon de converser tout en mangeant. On parle entre les bouchées, c'est tout. Mais c'est quelque chose qui s'apprend... et où apprend-on cela, sinon dans la famille ?

N'importe quel voyageur peut constater que les Français, dans toutes les classes sociales, savent comment se tenir à table et possèdent à fond l'art de concilier harmonieusement la dégustation et la conversation. Il n'y a pas de mystère, cela vient de cette grande institution française qu'est le repas pris en famille.

C'est également dans la famille que l'on apprend les manières de table. Je ne parle pas ici de chichis, mais de pratiques élémentaires qui relèvent, en vérité, de la simple courtoisie : éviter les bruits désagréables et les éclats de voix intempestifs, ne pas s'étirer devant son voisin pour aller chercher le pain ou le sel, savoir manier le couple couteau-fourchette, suivre le rythme général de la table, sans dévorer comme un goinfre, sans non plus retarder tout le monde en chipotant dans son assiette...

Hélas, combien de gens, chez nous, mangent-ils en famille, ne serait-ce qu'une fois par semaine ? Combien de repas muets déroulés devant la télévision, sans qu'une parole soit échangée ? Comment ne pas s'attrister d'apprendre que la moitié des enfants québécois prennent leur repas du soir seuls devant un écran de télé ou d'ordinateur ?

Le grand paradoxe, c'est que les Québécois ont perdu la tradition du repas familial, naguère si enracinée, au moment même où l'engouement populaire pour la cuisine est phénoménal... comme si, en regardant les chefs à la télé, on transférait sur le mode fantasmatique ce qu'on a perdu l'habitude de faire chez soi.

Qu'est-ce qui a produit ce changement de mœurs ? Est-ce le rythme plus exigeant du travail ? Je connais pourtant peu de professions qui ne vous laissent pas le temps de vous asseoir à table trois ou quatre heures par semaine avec vos proches. Si l'on n'a pas le temps de faire la cuisine, les marchés, les traiteurs, les pizzerias et les gargotes asiatiques, avec leurs plats à emporter, offrent mille et une solutions de remplacement.

La disparition du repas familial serait-elle due à l'éclatement de la famille traditionnelle ? Effectivement, bien des mères seules auront moins envie de dresser la table où la place du père est vide. Et rien n'est plus triste que de voir des pères traîner au restaurant l'enfant qu'ils ne voient qu'un week-end sur deux, sans trop savoir de quoi lui parler. La solitude parentale s'accommode parfois mieux de repas individuels pris sur le pouce ou devant un écran.

Par contre, les familles recomposées peuvent très bien se réunir à table s'il existe un minimum d'entente entre les fratries. (L'un de mes amis et sa deuxième femme organisent de chaleureux dîners, où sont conviés leurs deux enfants et les trois enfants d'unions précédentes, de même que la fille issue d'une liaison et qui fait maintenant partie intégrante de la famille élargie. Pour les occasions spéciales, la première épouse et l'ancienne maîtresse participent aux agapes. Hélas, de telles réconciliations sont peu courantes.)

Inutile de chercher des causes conjoncturelles, la même tendance se manifeste partout ailleurs... sauf peut-être en France, où l'heureuse tradition du «bien manger ensemble» se poursuit, même à l'heure des surgelés, du *fast food* et des paninis dévorés en vitesse sur le quai du métro. Le repas à la française a d'ailleurs été inscrit en 2010 au Patrimoine culturel immatériel de l'UNESCO.

Quel voyageur n'a pas vu, dans la campagne française, un couple ou une famille dresser une table avec des chaises en bordure de la route pour déjeuner? Il ne s'agit pas d'un pique-nique, mais d'un vrai repas pour lequel on avait mis dans la voiture tout ce qu'il fallait : le mobilier, les contenants de nourriture, les couverts...

Sillonnez les marchés des antiquaires, aux Puces de Saint-Ouen ou ailleurs. On y verra, à 13 heures pile, les marchands sortir tables et chaises dans l'allée, et procéder au rituel du déjeuner comme s'ils étaient chez eux. Pas question de grignoter un sandwich debout en attendant le client. On a apporté de quoi bien manger, parfois même un réchaud. J'ai vu, dans un marché, un couple de brocanteurs, confortablement attablés, se régaler d'une cassolette d'escargots à l'ail et aux tomates qui sentait le bonheur. Je me serais bien assise avec eux!

Cette très vieille coutume est aussi le fait des jeunes. Un informaticien dans la vingtaine qui tient boutique dans un petit centre commercial de Montparnasse nous informe qu'il ferme tous les jours de 13 heures à 15 heures, «pour manger», précise-t-il. D'ailleurs, le comble de l'impolitesse, en France, est d'appeler les gens chez eux aux heures de repas.

Dans un intéressant reportage récemment paru dans *Le Monde*, Ariane Chemin signalait que les Français sont les champions du temps passé à table : 2 h 22 par jour en 2010, soit 13 minutes de plus qu'en 1986 ! En ajoutant le temps consacré à des activités connexes (cuisine, vaisselle, etc.), manger est l'une des activités principales de la journée.

À 13 heures, la moitié des Français sont à table. À 20 h 15, c'est le cas du tiers d'entre eux. C'est dire l'importance du repas dans l'organisation sociale.

Plus important encore, dans 80 % des cas, ces repas se font en groupe, soit en famille, soit, pour ceux qui ne peuvent rentrer à la maison le midi, avec des collègues. L'acte de se nourrir est fortement associé à la convivialité et au partage[1].

Certains historiens font même remonter le modèle du repas français à la tradition catholique. «Il y a en France une tradition catholique qui entretient un rapport hédoniste et sensuel à la nourriture, écrit l'historien Pascal Ory. Le catholicisme, avec sa célébration de l'eucharistie, a contribué à bâtir une vraie culture du manger et du boire et à valoriser la dimension communautaire et collective du repas[2].»

Autre influence profonde, la force des traditions paysannes. Dans les régions agricoles, le déjeuner était le seul moment de la journée où l'on ne travaillait pas.

«Le labeur s'arrêtait, c'était un moment de partage, de convivialité, de plaisanterie», dit le sociologue Jean-Pierre Corbeau. «Quand la petite paysannerie a rejoint le monde ouvrier, à la fin du XIXe siècle, le droit à la pause du déjeuner a été un gros enjeu de négociation avec le patronat. Les ouvriers refusaient de manger dans les ateliers à côté des machines[3].» Ils préféraient allonger la journée de travail plutôt que de renoncer au repas pris à table.

Anecdote révélatrice racontée par la journaliste Ariane Chemin : quand les McDonald's ont été introduits en France, ils ont ouvert toute la journée comme en Amérique, en pensant qu'ils auraient une clientèle en continu... pour s'apercevoir que les lieux, déserts à 11 heures ou à 16 heures, étaient envahis de midi à 14 heures ! Même dans les établissements de *fast food*, les clients français continuent à respecter les heures traditionnelles des repas... et à manger dans une ambiance conviviale. Les jeunes viennent à plusieurs, s'installent autour d'une table et font circuler la nourriture entre les convives au lieu de manger chacun dans son coin.

Dans la plupart des pays de culture protestante, manger est un acte individuel, comme l'écrit le sociologue Claude Fischler. «Chacun est différent, chacun fait ses choix personnels... C'est un modèle contractuel et individualiste[4].»

Ainsi, en France, les séjours d'étudiants étrangers dans des familles sont toujours inaugurés par un dîner d'accueil, alors qu'aux États-Unis l'étudiant étranger est tout bonnement invité à prendre ce qu'il veut dans le réfrigérateur.

Effectivement, dans les sociétés à tradition protestante, on a coutume de se nourrir le midi d'une part de pizza ou, comme en Scandinavie, de tartines individuelles garnies de saucisson ou de poisson. L'offre des restaurants et des cafés tient compte du fait que nombre de gens mangeront seuls.

Dans les pays anglo-saxons, l'hôte ne se formalisera pas que ses invités annoncent qu'ils sont végétariens ou veulent manger sans gluten, alors qu'en France le repas est un partage et qu'il est mal vu de refuser le plat principal ou de réclamer un régime particulier.

Quand on demande à des Américains et à des Français d'associer des mots au concept de «gâteau au chocolat», les premiers pensent «culpabilité», alors que les seconds pensent «anniversaire».

Cette différence fondamentale, qui prend sa source dans la différence entre les traditions catholique et protestante, a été délicieusement illustrée dans le film *Le festin de Babette*.

Une Française accueillie dans un village reculé du Danemark, à la fin du XIXᵉ siècle, prépare pour ses hôtes luthériens et leurs voisins un superbe festin. Après un moment d'effroi initial devant cette « débauche » de bonnes choses, la sensualité qui s'en dégage brise les barrières élevées par le puritanisme, les convives se mettent, timidement, à sourire, à converser...

Le repas français est « extrêmement codifié dans ses rythmes (les horaires fixes) et sa composition (entrée, plat, dessert), et peut de ce fait être vu comme une contrainte », écrit Martin Bruegel, un historien de l'alimentation[5]. En revanche, il valorise la convivialité, le plaisir et le goût, et même la diététique.

Comme le dit le spécialiste de l'alimentation Loïc Bienassis, « les normes nutritionnelles sont mieux respectées en groupe qu'en solitaire : on boit avec modération, on essaie de manger de tout, on ne se sert pas trois fois, car on est soumis au regard et au jugement des autres[6] ».

En ce sens, la codification des repas est certainement l'un des facteurs qui expliquent que l'obésité soit beaucoup moins répandue en France qu'en Amérique ou en Grande-Bretagne.

L'autre « exception culturelle » française est la tradition du repas dominical en famille, qui réunit souvent trois, voire quatre générations. Ne nous étonnons pas de voir les travailleurs français résister si férocement à l'obligation du travail le dimanche, qui mettrait cette coutume en danger. (Dernièrement, le gouvernement a été obligé d'annuler l'autorisation pour les entreprises de bricolage d'ouvrir ce jour-là.)

Le dimanche est sacré. On se retrouve à midi trente chez mémé ou chez la fille aînée, pour un festin familial qui pourra durer tout l'après-midi, en comptant les apéros et le pousse-café. Pour les anniversaires, on forme de grandes tablées au restaurant.

Cette coutume risque toutefois de tomber en désuétude à mesure que disparaissent les grands-parents, la génération suivante (et surtout leurs enfants) voulant faire autre chose, le dimanche après-midi, que de rester plaqué sur une chaise en échangeant les mêmes blagues et les mêmes récriminations. Le repas familial n'est pas toujours, faut-il le rappeler, un moment de joie.

L'autre grand facteur qui menace le repas convivial est le téléphone dit intelligent. Aussi utile soit-elle dans le domaine du travail, la panoplie des outils de communication instantanée est en train de tuer les conversations de table.

On le constate partout, dans tous les restaurants et sur tous les continents, et même en France, car le phénomène est mondial.

Un couple prend place à table. Les deux sortent leur *smart phone*. Ils passeront le repas à consulter leurs écrans en se parlant à peine, sinon pour se montrer des photos, des *tweets* ou des textos. Même les amoureux semblent incapables d'échapper à cette drogue, même les vieux sont aussi accros que les jeunes.

Vu récemment, au comptoir d'un restaurant japonais de Paris où les cuisiniers préparent devant vous des plats exquis : un couple dont chacun regardait ses courriels au moment où le cuisinier mettait, avec moult délicatesse, la dernière main à leur plat... Pourquoi se priver d'un spectacle aussi appétissant pour consulter des messages qui peuvent attendre ?

Cette scène affligeante se répète *ad nauseam*. Elle se répète même, avec des variantes, lorsqu'on reçoit chez soi. Tel convive pose carrément son téléphone sur la nappe, tel autre, plus discret, le consulte sur ses genoux... mais s'abstrait régulièrement du groupe pour piquer du nez vers ce téléphone apparemment plus intelligent que ses compagnons de table. Un autre envoie un tweet pour décrire ce repas, et tant pis si, ce faisant, il cesse d'y participer.

Et lorsque surgit, dans la conversation, le moment où l'on cherche une date oubliée ou le détail d'un événement historique, il se trouve toujours quelqu'un pour *googler* la chose. La conversation s'interrompt le temps que Google fasse son boulot. On obtiendra le renseignement (un détail d'ailleurs généralement sans importance), mais le charme est rompu.

Si le repas familial est plus ou moins disparu des habitudes québécoises, le repas entre amis a en revanche pris du galon. Toutes les formules s'y déclinent, du *pot luck* où chacun apporte un plat, au repas fait maison de l'entrée au dessert.

Avec le temps, j'ai appris deux ou trois trucs. D'abord, préparer le maximum d'éléments à l'avance pour qu'on n'ait qu'à les assembler ou à les réchauffer au moment de servir. Et à l'occasion, prévoir un plan de table, si l'on a invité plusieurs personnes. On place les gens de manière à alterner les hommes et les femmes, à séparer les couples, à asseoir ensemble des gens qui ne se connaissent pas, mais dont on sait qu'ils ont des intérêts communs.

Il fut un temps où je trouvais cette formule empesée, mais j'ai réalisé que, loin d'être une marque de snobisme, le plan de table facilite la conversation et favorise les nouvelles rencontres. Comme vous ne recevrez pas souvent un monarque ou un cardinal, vous pouvez laisser tomber l'autre partie du manuel d'étiquette, qui régissait la hiérarchisation des places!

—

1. Ariane CHEMIN, «Le repas, un art français», *Le Monde*, 15 février 2014.

2. Cité par A. CHEMIN, *ibid*.

3. *Ibid*.

4. *Ibid*.

5. *Ibid*.

6. *Ibid*

HALTES
GOURMANDES

———

La Révolution tranquille, au Québec, s'est aussi étendue au domaine de la restauration. Jusque-là, la restauration était la chasse gardée des hôtels et des chaînes très *british*, comme les Murray's, où il fallait faire une scène pour être servi en français. (Voilà le genre de détail qui permet de mesurer à quel point Montréal s'est francisée durant la seconde moitié du XXe siècle.)

Quand j'étais petite, le dimanche midi, mon père nous emmenait souvent manger à l'hôtel Windsor ou au Queen's. Nappes empesées, argenterie lourde, cocktail de crevettes glacées avec sauce à base de ketchup, crème vichyssoise, bœuf Wellington... J'adorais. Même les intervalles entre les plats ne me dérangeaient pas, j'en profitais pour faire le tour de la salle en regardant ce qu'il y avait dans les assiettes. J'ai toujours aimé aller au restaurant. D'ailleurs, j'y ai passé une bonne partie de ma vie : toute petite avec mes parents, plus tard avec des amis, des collègues, des amoureux, sans compter tous les gens que j'ai interviewés comme journaliste à table.

C'est au restaurant que j'ai fait mes premières escapades d'écolière. Au collège Marie de France, qui était une institution laïque relevant du gouvernement français, le cours de religion catholique était facultatif. Mes parents m'y avaient inscrite machinalement. L'indulgent abbé qui venait dans notre classe une petite heure par semaine fermait les yeux sur les absences, pour peu que nous réussissions chaque mois un court examen verbal. Comme j'avais fait mon primaire chez les sœurs, j'avais réponse à tout! J'en profitais pour m'éclipser à 11 heures – l'heure du cours de religion – et rejoindre, dans la cour, mon amie Juliette, qui venait d'une famille hongroise de confession luthérienne et était à ce titre dispensée du cours. Nous prenions le bus pour le centre-ville et allions manger dans un restaurant allemand de la rue Stanley que ses parents fréquentaient. Au menu, *Wiener Schnitzel*, pommes sautées, salade de chou mariné... Des saveurs nouvelles et succulentes. Je ne prépare jamais d'escalopes panées à la maison par souci diététique, mais pendant longtemps j'ai retrouvé ce souvenir d'adolescence à l'ancien Paris, rue Sainte-Catherine.

C'est une Belge pulpeuse et bourrue, Madame Leroy, qui a donné à Montréal son premier véritable restaurant français: Chez Pierre, rue Labelle, à l'est de la rue Saint-Denis, à deux pas de la boulangerie Cousin. Mes parents m'y emmenaient parfois le midi. Pour l'entrée, les garçons faisaient circuler dans la petite salle un chariot garni de charcuteries, de salades de légumes et d'œufs mayonnaise. C'était l'ordinaire des bistrots français, mais à Montréal, quelle nouveauté! Menu trois services, pain croûté de chez Cousin... Autre innovation: le vin comme accompagnement normal du repas.

Bien d'autres vieux Montréalais sont passés rue Labelle. La famille Parizeau notamment, dont le plus célèbre fils allait tout naturellement choisir Chez Pierre pour son premier rendez-vous avec la belle Polonaise qui devint sa première femme. Bien plus tard, après le décès d'Alice Poznańska, c'est un tête-à-tête au même endroit qui allait marquer le début de l'union du chef péquiste avec Lisette Lapointe: «Madame Lapointe, y a-t-il un homme dans votre vie?» lui demanda-t-il entre la poire et le fromage... *and the rest is history*.

Chez Pierre, au départ, était le bistrot français typique. Des restaurants haut de gamme naquirent plus tard, notamment Le 400 (ne pas confondre avec les moutures plus récentes du même nom), très fréquenté par les hommes d'affaires qui avaient du goût et les artistes qui avaient des moyens.

D'autres établissements naissaient, portés par la présence de Radio-Canada, alors sise boulevard Dorchester, dans l'ouest de la ville. Au premier chef, Le Paris, une institution fondée en 1956 qui a survécu telle quelle, sans changer d'un iota, jusqu'au décès de son fondateur. Au nord de la ville, il y avait Chez Bardet. Dans l'est, c'était Chez son père, boulevard Saint-Laurent, que se retrouvait la classe politique et artistique. Ensuite, ce fut l'explosion continue, dont les points d'orgue furent l'ouverture de L'Express, cette brasserie classique qui a résisté à toutes les modes et est devenue une institution chérie des Montréalais et des touristes; ensuite celle du Toqué! de Normand Laprise, en 1993, puis celle d'Europea de Jérôme Ferrer, un immigrant du Roussillon qui allait bâtir à Montréal un petit empire de la restauration. Même si, au cours des années, Toronto, Vancouver et plusieurs autres villes canadiennes se sont remarquablement distinguées à ce chapitre, Montréal occupe la première place de la gastronomie au Canada, comme l'illustre le fait que, en 2011, trois des quatre restaurants canadiens membres du club sélect des Relais & Châteaux se trouvaient à Montréal, l'autre étant L'Initiale à Québec.

Devenir cuistot n'est plus un choix de carrière médiocre. C'est une orientation qui suscite la curiosité et l'envie. Voyez le cas d'Alexandre Weill, un diplômé de HEC qui a laissé un poste rémunérateur dans la finance, chez Morgan Stanley, pour suivre des cours de cuisine fine, prendre du galon dans des tables étoilées et finalement ouvrir un restaurant à prix doux dans le IXe arrondissement de Paris.

Non seulement tout individu qui veut paraître branché, qu'il soit homme ou femme, doit-il s'y connaître un peu en cuisine, en théorie sinon en pratique, mais les chefs et ceux qui gravitent autour d'eux sont devenus des célébrités.

Josée di Stasio, qui était naguère la discrète (et compétente) assistante du flamboyant Daniel Pinard, est l'une des personnalités féminines les plus admirées au Québec, même si elle n'a pas ouvert de restaurant et se contente souvent de reprendre des recettes éprouvées, qu'elle présente toutefois avec intelligence et finesse et en donnant consciencieusement le crédit à leurs auteurs (seul oubli, sa recette de poulet mariné aux olives et au vinaigre, directement inspirée de l'ancienne recette du poulet Marbella).

Elle représente en quelque sorte la branche féminine de la gastronomie québécoise : touche tout en finesse, ingrédients sains, plats légers et faciles à préparer. À l'autre extrémité du spectre, on trouvera la branche masculine, qu'il faudrait plutôt qualifier de virile : des gars athlétiques et gourmands, amateurs de chair rouge, de grillades vigoureuses, de marinades relevées et de plats adipeux.

Comme on est ici dans le domaine du vedettariat, le talent ne suffit pas, l'esthétique compte. La svelte et jolie Josée n'a rien à voir avec la *mama* qui a fait la grandeur des trattorias italiennes. La garde montante des jeunes chefs, dans la foulée de Ricardo Larrivée, sont de beaux garçons qui ont un *look* à la fois sain et sexy... ou alors qui, à l'instar du pantagruélique Martin Picard, sont devenus des personnages dont l'image, autant que les plats, servent à vendre leurs produits.

Elle est bien finie, l'époque où le chef-propriétaire du 400, le bien nommé M. Lelarge, exhibait sa silhouette rebondie sur ses affiches en proclamant fièrement : « Je mange chez moi ! » Cela voulait dire qu'à sa table on mangeait non seulement bien, mais très copieusement, comme en témoignait l'opulent bedon qui gonflait son tablier blanc. De nos jours, le modèle proposé aux consommateurs est autrement plus exigeant : bien manger... mais rester mince !

Le culte de la gastronomie s'est répandu partout au monde, y compris au Royaume-Uni, naguère le royaume de la mauvaise bouffe. L'Écosse est maintenant parsemée de tables d'hôte où les fruits de mer sont aussi bien apprêtés qu'en Bretagne. Il y a seule-ment 20 ans, il fallait aller dans un restaurant indien pour manger convenablement à Londres. La ville est devenue un haut lieu de la gastronomie, tout comme Amsterdam, où il fallait naguère se ra-battre sur les restaurants indonésiens pour avoir quelque plaisir à table. Même l'Australie, royaume des kangourous et des sportifs, s'est mise de la partie, bien servie par ses abondantes ressources ali-mentaires naturelles.

Il y a seulement quelques décennies, il aurait paru impensable que le culte du bien manger se répande à ce point dans le monde anglo-saxon. Dans les années 60, les publicitaires racontaient un cas typique : les fabricants de pâte à gâteau pouvaient se contenter d'offrir à la clientèle anglo-américaine une poudre à mélanger avec de l'eau. Mais pour plaire à la cuisinière canadienne-française, ils devaient lui ménager un petit espace d'initiative, comme d'ajouter un œuf dans le mélange. Ainsi, la ménagère consciencieuse avait le sentiment de devoir y mettre du sien pour produire « son » gâteau ; autrement elle aurait eu le sentiment d'être « paresseuse » et, comme sa fierté tenait en partie à ses talents culinaires, elle se serait sentie dévalorisée.

De nos jours, la gastronomie montréalaise est autant l'affaire des anglophones que des francophones, reflétant la personnalité de cette métropole multiculturelle où deux grandes langues se côtoient. Plu-sieurs, parmi les meilleurs chefs de Montréal, sont des anglos (tous bilingues), comme David McMillan (Joe Beef), Derek Dammann (DNA, puis La Fabrique et maintenant Maison Publique) ou Emma Cardarelli (Nora Gray), sans parler bien sûr des Italiens, qui ont tou-jours aimé bien manger et prendre du plaisir à table.

Cela dit, dans la vie quotidienne, le diable (ou la différence) est dans les détails.

Chez les francophones, quand ils reçoivent, vous trouverez inva-riablement, comme en France, du pain sur la table, et presque à coup sûr un plat de fromages, de même que du vin français – italien ou espagnol à la rigueur.

Chez nos amis anglophones, on n'achète du pain que si l'on sert du fromage. Incongruité sacrilège pour des palais formés à la française, le fromage est parfois servi au moment de l'apéro : on offrira par exemple, en guise d'amuse-bouche, un brie coulant garni de canneberges et de noix... De quoi vous couper l'appétit pour le reste de la soirée! Et en milieu anglophone, les vins proviendront très souvent du Nouveau Monde plutôt que de l'Europe.

J'ai remarqué à maintes reprises qu'à budget égal les francophones dépensent beaucoup plus pour la nourriture et les vins que les anglophones, qui ont gardé, quoi qu'on en dise, un solide côté puritain. Je ne parle pas ici des Juifs. Les ashkénazes, tout anglophones soient-ils, viennent d'une culture où l'on aime manger et ont des traditions culinaires très savoureuses quoique extrêmement caloriques (pensons à Moishe's, la grande table juive du boulevard Saint-Laurent), tandis que les sépharades allient harmonieusement la tradition française et la cuisine parfumée du Maghreb.

Par contre, les anglophones dépenseront davantage au restaurant, alors que les francophones regarderont l'addition à deux fois. Cela tient peut-être à la différence des revenus, peut-être aussi au fait que, pour les anglos, la sortie au restaurant est une grande occasion, alors que les francos y vont plus souvent, mais choisissent en revanche des établissements abordables. La profusion des restaurants où l'on apporte son propre vin, dans les villes québécoises, relève de cette tendance. La formule est peu heureuse sur le plan gastronomique (elle empêche l'accord entre les vins et les mets, car on ne sait pas à l'avance ce que l'on va manger), mais a l'avantage d'arroser le repas avec un meilleur vin sans hausser le montant de l'addition. Bon compromis qui gagne en popularité : le vin au verre, à prix variés.

Dans l'ensemble du monde anglo-saxon, exception faite de la minorité très active des *foodies*, les gens ont encore tendance à manger plutôt frugalement à la maison, comme si un bon dîner était un moment exceptionnel, un événement sans rapport avec la vie quotidienne. La coupure entre les gourmets et la population reste profonde, contrairement à la France, par exemple, où l'art et le plaisir du bien manger sont aussi partagés par les familles les plus modestes. Le Québec, à cet égard, se situe plus près de la France.

Un petit jeu-questionnaire concocté par *La Presse*, lors des élections fédérales de 2008, a produit un amusant éclairage sur le sujet.

On a demandé aux chefs de parti quels étaient leurs plats préférés. Pour le chef conservateur Stephen Harper, la gastronomie se résumait à la quantité de sauces industrielles épicées dont il recouvrait ses plats, le tout arrosé de... Coca-Cola. Jack Layton, le chef néo-démocrate, adorait la cuisine de sa belle-mère, et on le comprend car elle vient de ce paradis gastronomique qu'est Hong Kong. Mais tout de suite, la rectitude politique le rattrapait, et il insistait sur la consommation de « produits locaux bios fabriqués dans le respect de l'environnement ». Il avait ses habitudes chez Jamie Kennedy, qui « favorise les produits biologiques », disait-il pieusement... sans préciser que cette table était l'une des plus chères de Toronto !

Le bio, c'est un détail auquel ne s'attardaient pas Gilles Duceppe et Stéphane Dion, les deux leaders francophones de cette campagne électorale. Diserts et enthousiastes, ils affichaient sans fausse pudeur leurs goûts de gourmet. Le premier parlait de saumon fumé, d'esturgeon noir, de carré d'agneau. Le second, de poisson frais pêché, de plats de gibier...

Les réponses concernant leurs vins préférés étaient encore plus révélatrices. Encore une fois, Jack Layton nageait dans le *politically correct*. Son vin favori était un pinot noir de Colombie-Britannique... province qui effectivement produit de très bons vins dans la vallée de l'Okanagan. Mais attention, le pinot préféré de M. Layton était celui du vignoble Nk'Mip, qui appartient comme par hasard à une bande autochtone ! Nos deux francophones, par contre, ne s'embarrassaient pas de considérations politico-morales. Ils n'avaient pas l'hypocrisie de prétendre qu'ils privilégiaient les vins québécois. Dion aimait les cahors et les rieslings ; Duceppe, les vins de Rioja, d'Italie ou d'Alsace...

Faut-il réserver quand on va au restaurant ? Oui, et le plus tôt possible si l'on veut aller dans un endroit où l'on sait qu'il y aura affluence. Non, si l'on préfère partir à l'aventure et décider à la dernière minute… à condition toutefois de choisir un quartier où il y a un bon choix d'établissements, sous peine de se retrouver le bec dans l'eau. Et même dans ce cas, on peut avoir des surprises désagréables : essayez de trouver, un samedi soir, une table pour six à Montmartre ou sur le Plateau…

Personnellement, j'aime mieux réserver et même choisir la table, dans les restaurants dont je connais la configuration. Une table ronde si l'on est plusieurs, une table d'angle à deux, une table à la fenêtre plutôt que dans le fond près des toilettes…

Mais attention, la réservation comporte une contrepartie et une obligation morale. Le restaurateur a honoré sa part du contrat, il vous garde la table jusqu'à l'heure dite. Au client d'honorer la sienne : en cas d'empêchement, on annule… et ce, le plus tôt possible, pour donner au restaurateur la chance de vous remplacer. Les restaurateurs perdent chaque semaine des sommes considérables parce que trop de gens ne prennent pas la peine d'annuler. Le jour viendra où votre bistrot favori exigera un acompte sur votre carte de crédit pour confirmer la réservation, et l'on ne pourra l'en blâmer.

On ne s'embarrasse pas de codes particuliers dans les bistrots où l'on mange à la bonne franquette, mais il y a certains codes à suivre lorsqu'on s'aventure dans un grand restaurant, l'adjectif désignant tout autant un établissement étoilé au *Michelin* qu'un restaurant québécois très coté qui offre une carte raffinée.

Les premières fois, le grand restaurant est intimidant. La beauté des lieux, l'éclat de la verrerie, le personnel stylé, le maître d'hôtel empesé… Mais le malaise sera vite dissipé si l'on se laisse porter par le rituel de l'établissement.

Disons, pour prendre l'exemple ultime, que l'on veut s'offrir, lors d'un voyage en France, le luxe d'un restaurant doté d'un à trois macarons au *Guide Michelin*.

Bon à savoir : les restaurants étoilés de province (il y en a beaucoup) sont beaucoup moins chers et souvent aussi bons que les étoilés parisiens. Et parce qu'il comporte un menu fixe à prix réduit, le repas du déjeuner sera invariablement moins coûteux que celui du dîner.

Cela correspond d'ailleurs aux habitudes au demeurant très saines des Français, qui mangent leur plus gros repas le midi, alors que nous réservons notre appétit pour le repas du soir, quitte à nous coucher avant que la digestion soit complétée.

Bon à savoir : il n'y a plus de code vestimentaire contraignant dans les grands restaurants, sinon l'obligation, bien naturelle, d'être correctement habillé et d'éviter les chaussures sport qui font vraiment plouc (on peut par contre oublier la cravate, comme le font bien des Français le soir).

Il ne faut pas se laisser impressionner par le maître d'hôtel qui vous amène à votre table. Si celle-ci ne vous convient pas, vous pouvez toujours lui demander gentiment une autre table et il vous accommodera s'il le peut, car, au-delà de l'allure formaliste du personnage, il souhaite – c'est l'intérêt de la maison – que les clients soient le plus satisfaits possible.

Il ne faut pas hésiter à demander des détails sur les plats ou même le prix de la coupe de champagne qu'on vous offre verbalement à l'apéro. Les garçons de table, même s'ils travaillent dans une maison haut de gamme, ont eux-mêmes des budgets limités et comprendront votre souci : vous voulez bien manger, mais sans vous ruiner.

Beaucoup de restaurants ont la sagesse d'indiquer que les menus dégustation à plus de trois services ne sont offerts que pour la table – autrement dit, tout le monde choisit le grand menu ou tout le monde mange à la carte. Mais il y a encore des restaurants qui offrent le libre choix au client.

Dans ce cas, on ne devrait jamais commander un menu dégustation quand on est seul à le faire. Je me rappelle d'interminables soirées où nous étions plusieurs à regarder un individualiste forcené déguster un plat après l'autre, alors que nous n'avions plus rien à manger ni à boire. La sortie en groupe au restaurant est une aventure conviviale. On s'intègre au groupe, ou alors on y va seul ou à deux.

Beaucoup de gens hésitent à s'aventurer dans un restaurant étoilé parce qu'ils ont peur de gaffer au moment de commander le vin. Pour cela, mon mari a un truc infaillible. Il choisit le type de vin désiré (disons un bourgogne rouge), en demandant au sommelier de lui indiquer le meilleur choix à l'intérieur d'une fourchette de prix qu'il désigne sur la carte des vins. Ou il demande au sommelier s'il a, dans la même catégorie de prix, un autre vin qui conviendrait mieux aux plats commandés. Tous les sommeliers se plient de bonne grâce à ce rituel.

Mais on peut aussi s'en remettre au sommelier pour choisir le vin en lui disant franchement le prix qu'on est prêt à payer. Les sommeliers ont l'habitude de faire affaire avec une clientèle cosmopolite peu formée à la culture viticole, et ils ne sont que trop heureux de vous guider en tenant compte de votre budget. Inutile d'agir comme ces parvenus vaniteux qui commandent du vin en faisant semblant que le prix ne les concerne pas.

Le grand restaurant est une scène de théâtre où l'on peut observer les pires manières (ces clients qui parlent à tue-tête comme s'ils étaient seuls au monde) et les meilleures, qui parfois nous servent de leçon. Je me souviens d'avoir compris ce qu'est la classe – la vraie classe – dans l'établissement que tenait, au début de sa carrière, Bernard Pacaud, le chef de L'Ambroisie (lequel allait plus tard déménager place des Vosges, pendant que ses prix suivaient une courbe ascendante).

C'était une petite salle d'une vingtaine de couverts, sur un quai de la rive gauche. Près de nous dînait un couple dont la femme portait un superbe chemisier de fine soie de couleur saumon. À un moment donné, le garçon trébucha et renversa un pot de café entier sur ce beau chemisier. Mme Pacaud se précipita, affolée, vers sa cliente, en jetant des regards mauvais au garçon mortellement confus et en assurant à la dame qu'elle avait bon espoir que son nettoyeur puisse rescaper le vêtement – une promesse bien illusoire, car la soie ne survit pas à pareil dégât. La cliente, qui n'avait pas bronché et s'était même gracieusement abstenue d'exprimer quelque signe de mécontentement que ce soit, sourit gentiment et au garçon et à Mme Pacaud. «Ce sont des accidents qui arrivent à tout le monde, cela n'a aucune importance», dit-elle, et, après avoir laissé Mme Pacaud éponger son chemisier ruiné, elle continua son repas sereinement comme si de rien n'était. La classe, vous dis-je...

La règle d'or, qui vaut d'ailleurs partout en France, dans les petits commerces aussi bien que dans les restaurants les plus renommés : aborder chacun avec un «bonjour», assortir chaque requête d'un «s'il vous plaît» et saluer chaque service rendu par un «merci». La courtoisie est l'une des conquêtes de la civilisation, et dans le vieux pays de nos ancêtres plus encore qu'ailleurs, la politesse est de rigueur non seulement parce que cela rend les rapports plus agréables, mais parce que c'est la garantie d'un bon service.

Qui dit politesse ne dit pas familiarité. En général, clients et serveurs gardent leurs distances à tous égards. À mille lieues des manières irritantes des serveurs américains qui vous tapotent amicalement le dos et se présentent par leur prénom («*My name is John and I hope you'll enjoy your meal*»), les Français ne font pas semblant d'être vos meilleurs copains. Ce n'est que dans les bistrots où l'on a ses habitudes qu'on entame des conversations personnelles.

La règle vaut d'ailleurs pour tous les pays d'Europe, où une certaine réserve s'impose dans les rapports commerçants... et aussi au Québec, qui, en cela comme dans tant d'autres domaines, fait le pont entre l'Europe et l'Amérique.

LE JAPON :
FRAÎCHEUR ET SUBTILITÉ

———

Il est 4 heures du matin à Tokyo, c'est l'heure de se lever pour aller au marché Tsukiji, le plus grand marché de poissons au monde, une ville dans la ville où s'activent dès l'aube quelque 65 000 poissonniers et commerçants, et où se négocient quelque 20 000 tonnes de poissons par jour.

J'ai mis un jeans et des chaussures de marche, en regrettant de ne pas avoir de bottes... mais ces précautions n'étaient pas nécessaires. J'aurais aussi bien pu m'y présenter en escarpins. Nous sommes au Japon, royaume de la propreté. L'eau boueuse qui pourrait s'échapper des innombrables comptoirs où s'étalent les poissons est instantanément épongée. Mais ce qui frappe le plus dans ces gigantesques halles, c'est le silence – les Japonais vaquent à leurs affaires sans bavarder – et surtout l'absence totale d'odeur. C'est peu dire que les produits offerts ici sont parfaitement frais !

Ce qui frappe aussi, c'est cette expertise empreinte de précision et de délicatesse, avec laquelle travaillent les poissonniers. Ici, l'un d'eux écorche une anguille. Il la stabilise en lui plantant un clou dans la tête, entaille la peau d'un petit coup de couteau, puis déshabille l'anguille comme on enlève un doigt de gant.

À 5 h 30 s'ouvre le fameux encan où sont déjà massés des centaines de grossistes et d'acheteurs licenciés qui représentent des poissonneries de détail ou des restaurants. En vente, une trentaine d'énormes thons décapités – les plus gros pourraient mesurer jusqu'à trois mètres et peser jusqu'à 680 kilos – déposés sur des plateformes à roulettes. En 2006, on y a vendu aux enchères 570 tonnes de thons, dont les plus beaux pouvaient valoir jusqu'à un demi-million de dollars. La plupart, aujourd'hui, sont des albacores (*yellow fin*), par opposition au thon rouge (*blue fin*), le trésor de la cuisine japonaise. Les Japonais consomment le quart de la production mondiale de thon et adorent le toro, la chair ventrale grasse et veloutée.

Nous décidons de suivre le parcours d'un très gros albacore, qui doit bien mesurer près de deux mètres et peser quelque 200 kilos. Nous déambulons derrière l'acheteur, qui pousse la plateforme jusqu'à son étal, entre les comptoirs où gisent crabes, algues de mer et poissons blancs. Légèrement en retrait pour ne pas déranger, nous assistons à la préparation du thon.

Les couteaux sont prêts, lavés et affûtés, il y en a de toutes les tailles. On pourrait bien plus rapidement découper ces gros thons surgelés à la scie électrique, mais nous sommes au Japon, où le culte de la perfection requiert l'usage des outils ancestraux qui endommageront le moins possible la chair convoitée du poisson. Le grossiste et l'un de ses trois employés se saisissent chacun d'une extrémité d'un très long couteau à double manche, une sorte de hache à lame ultra-tranchante, pour découper la bête en deux sur la longueur. Ils y vont d'un seul coup. C'est dur. Tous les muscles des minces Japonais sont tendus sous l'effort. Mais à la fin le résultat est magnifique : les deux moitiés du thon sont parfaitement égales, la tranche bien lisse. La lame n'a pas dévié d'un millimètre. Pendant ce temps, un autre employé éponge le sang et nettoie la carcasse avec un linge, un autre passe la serpillière sur le plancher.

Ensuite, on fera les quartiers, qui seront eux-mêmes débités en morceaux d'environ cinq kilos chacun. À chaque étape, même cérémonial : on change de couteau, on nettoie doucement la peau et la chair du poisson avec un linge propre pour en éliminer toutes les impuretés.

Et puis, c'est l'emballage. L'employé pose le morceau de thon sur un grand carré de papier blanc et l'enveloppe avec d'infinies précautions, comme on le ferait pour un précieux cadeau d'anniversaire. Le patron est aux aguets. L'un des employés n'a pas bien replié les coins du papier d'emballage sous le poisson. Le patron, sans mot dire, défait le paquet et le refait patiemment, montrant à l'employé la façon correcte de procéder.

Les paquets sont placés sur de la glace concassée, dans de gros bacs isothermes, et disparaissent dans les camions de livraison qui attendent à l'extérieur.

En contemplant, émerveillée, le soin inouï apporté au découpage et à l'emballage du thon, je repense à cette scène mémorable, observée des années auparavant, au zoo de Tokyo : l'employé chargé de nourrir les animaux apporta dans la cage des ours une écuelle où les carottes, les pommes de terre et un gros légume vert avaient été découpés en biseau et joliment disposés par groupe de couleurs... Toujours ce souci de l'esthétique, si inné que le salarié le plus modeste le met en pratique instinctivement dans les tâches les plus humbles.

À 7 heures, le marché aux poissons va bientôt fermer. Nous allons prendre le petit-déjeuner...dans l'un des nombreux bars à sushi qui encerclent la grande halle. Du sashimi au petit-déjeuner? «Tu pourrais choisir un plat de nouilles à la place», dit mon mari, compatissant. Du soba au petit-déjeuner? Mais bon, ce sera une expérience. Je mange du bout des lèvres en rêvant à un croissant avec un café au lait... car évidemment, dans les troquets qui bordent le marché, on ne sert que du thé.

Nous rentrons à l'hôtel à pied, avec des visions de café et de bon pain grillé dans la tête. À l'hôtel, je me précipite goulûment sur un petit-déjeuner à la française, comme un otage rescapé de la jungle. On a beau avoir beaucoup voyagé et dégusté avec entrain toutes sortes de plats exotiques, votre culture natale vous rattrape au petit-déjeuner. C'est le seul repas de la journée où le plus cosmopolite des voyageurs répugnera à changer ses habitudes, peut-être parce que l'estomac, à peine tiré du sommeil, ne peut absorber que ce qu'il connaît.

Plus tard, j'apprendrai que nous avons été chanceux d'avoir pu visiter librement le marché Tsukiji. Sauf autorisation spéciale, les touristes n'ont plus accès aux enchères. Il s'y est produit trop d'abus : de grossiers personnages touchaient aux poissons et dérangeaient le travail des poissonniers en les photographiant avec un flash. De plus, Tsukiji devrait fermer complètement en 2016. On déménagera ses installations en banlieue, comme ce fut le cas à Paris quand on a transporté les Halles à Rungis.

Au cours de trois longs voyages au Japon répartis sur quelque 25 ans, le seul ennui que j'ai éprouvé a été l'absence, dans le régime alimentaire courant, de légumes et de fruits frais, qui ne font pas partie de cette tradition culinaire et dont les prix sont en outre rédhibitoires. Mon amie Huguette, une Saguenéenne, en a terriblement souffert quand elle s'est exilée à Tokyo avec son mari japonais.

En revanche, quels festins nous fîmes avec Huguette et Kei! Ils nous emmenèrent, un soir, dans un restaurant où le chef, spécialement formé pour accomplir cet exploit risqué qui requiert une licence spéciale, servait du fugu, un poisson à chair blanche dont le foie peut être mortel si vous en avalez une parcelle... Il faut donc parer le poisson avec un soin méticuleux, mais il y a toujours des accidents.

Les esthètes japonais ont un côté pervers et aiment flirter avec la mort. Bando Mitsuburo, le grand acteur de kabuki, l'opéra traditionnel du Japon, est décédé il y a quelques années, après avoir mangé du foie de fugu commandé à un restaurateur complaisant (car la chose est interdite par la loi). Il est mort après avoir souffert pendant sept heures d'horribles convulsions. À vrai dire, aux papilles non entraînées, le fugu n'a guère plus de goût qu'une lamelle de flétan... L'excitation, ici, est plutôt dans la tête et dans l'idée du danger.

Les Japonais, traditionnellement, mangent accroupis sur leurs tatamis, les jambes repliées sous le bassin. Les femmes peuvent à la rigueur s'asseoir directement sur le sol, les jambes à l'oblique, à condition de ramener les pieds à l'arrière. Les deux positions sont intenables pour les Occidentaux. Lors de ma première visite au Japon, j'ai souvent souffert le martyre en me pliant à ce rituel. Je m'en tirais en portant des jupes longues, de manière à cacher mes jambes partiellement dépliées.

Aujourd'hui toutefois, les choses ont évolué non pas seulement au bénéfice des touristes, mais pour accommoder les jeunes Japonais, plus grands et moins flexibles que leurs parents. La plupart des restaurants ont des tables à l'occidentale, et leurs salles à tatamis, plus agréables et plus typiques, ont des trous circulaires sous la table, vous permettant de manger en position assise (mais seuls les restaurants haut de gamme vous offriront un dossier).

Le Japon a une tradition culinaire remarquable quoique relativement limitée : des poissons et fruits de mer dont la fraîcheur impeccable les dispense de tout apprêt, des grillades et des plats mijotés, des condiments intéressants mais répétitifs : dashi, soja, mirin, daikon, wasabi, etc.

Toutefois, grâce à leur savoir-faire extraordinaire et à leur éthique du travail, les Japonais sont également passés maîtres dans l'art de la reproduction.

La fameuse tempura a été empruntée au Portugal, grâce à des jésuites portugais introduits au Japon au XVIe siècle. Plus récemment, le Japon a absorbé la tradition culinaire française – en l'améliorant, irais-je jusqu'à dire. À Kyoto, nous avons dégusté plusieurs fois le meilleur de la cuisine française. En 1986, nous nous étions installés au comptoir d'un minuscule établissement du quartier de Gion, observant de près l'expertise d'un chef nippon qui travaillait seul, l'œil sur la marmite où cuisait une pièce de volaille tout en montant un beurre blanc dans sa petite casserole de cuivre, multipliant les gestes avec une concentration absolue. Même ses mini-baguettes de pain maison sortaient de la plus pure tradition boulangère française.

Le même restaurant existait toujours en 2007, et d'autres s'étaient ajoutés, comme celui où nous a emmenés notre ami Paul, professeur de philo à Kyoto. Là aussi, nous étions assis au comptoir, face à la cuisine où s'accomplissait sous nos yeux le miracle de la fusion franco-japonaise. Aujourd'hui, Tokyo a plus de restaurants étoilés au *Michelin* que Paris ! Et dans les meilleurs restaurants de la capitale française, on compte un nombre disproportionné de chefs japonais.

C'est du Japon qu'est d'abord venue la formule de la cuisine ouverte sur la salle, aujourd'hui répandue partout en Occident. Auparavant, la règle voulait que les cuisiniers travaillent à l'abri du regard des clients, histoire de maintenir une aura de mystère autour de leurs créations, histoire aussi de permettre au cuistot maladroit de ramasser ni vu ni connu un morceau tombé par terre ou d'essuyer de sa manche le rebord de l'assiette. Au client devait être épargné le spectacle brouillon de la cuisine, tout comme dans les anciennes maisons bourgeoises où seuls les serviteurs s'approchaient des fourneaux. Mais les Japonais, travailleurs consciencieux et bien entraînés, n'ont jamais craint d'œuvrer sous le regard de la clientèle.

Ils ont poussé si loin le culte de la perfection culinaire que leurs épiceries fines dépassent de cent coudées tout ce que l'on trouve à Paris, Londres ou New York. Ce sont les grands magasins qui en sont les dépositaires, avec de splendides rayons aménagés au sous-sol. Celui du Takashimaya de Kyoto, par exemple, est le paradis des gourmets. Sa surface, immense, propose tout ce dont on peut rêver, des étalages débordant de poissons ultra-frais à ceux qui offrent les produits d'importation les plus « exotiques », du foie gras au jambon de Parme, en passant par un magnifique cellier contenant des vins de tous les pays.

Rien, dans nos grandes capitales occidentales, ne se compare à cette fête des yeux et des papilles. Ni Fauchon à la réputation surfaite, ni la Grande Épicerie de Paris, qui consacre trop d'espace aux sucreries destinées aux touristes, ni le Harrod's Food Hall de Londres, surtout remarquable par son décor, ni le Dean & DeLuca de New York, spécialisé dans les produits italiens.

Le vin ne fait pas partie intégrante du repas japonais, quoiqu'on en serve presque partout. C'est plutôt la bière que l'on consomme à table. Le saké, dont il existe plusieurs variétés, se boit chaud ou glacé, mais toujours, en principe, à l'apéro, en dégustant des amuse-bouche comme les edamames (fèves de soja salées), les salades *suno-mono* (concombre et fruits de mer), des sashimis ou des épinards en sauce de sésame... l'apéro pouvant durer des heures, surtout quand les convives sont des hommes d'affaires sortant du bureau et peu pressés de rentrer à la maison.

Notre ami Kei nous a fait découvrir l'univers confidentiel des petits bars à whisky, nombreux à Tokyo, mais très difficiles à repérer pour un étranger (il n'y a pas d'adresse dans la plupart des rues!). Grands amateurs de whiskies (ils en fabriquent d'ailleurs eux-mêmes, qui sont, dit-on, aussi bons que les plus grands *single malts* écossais), les Japonais aiment fréquenter ces minuscules bars à whisky, souvent cachés dans des tours de bureaux.

Une dizaine de tabourets, deux ou trois tables... Chaque habitué a sa propre bouteille, marquée à son nom. Dans le pays de l'honnêteté, le niveau de la bouteille reste là où vous l'avez laissé il y a six jours, six semaines ou six mois. Ces bars ont souvent des vocations particulières. Nous sommes allés une fois dans un bar pour pêcheurs à la ligne, une autre fois dans un bar de golfeurs, une autre fois dans un bar fréquenté exclusivement par des femmes de carrière... où tous les serveurs étaient de jolis garçons!

On ne mange pas dans les bars à whisky. On offre des noix de cajou, parfaites comme il se doit. Le Japon n'importe que des produits parfaits. Le meilleur porc (souvent du Québec), les meilleurs crabes (souvent des Îles-de-la-Madeleine), le meilleur café, les meilleurs melons (j'en ai vu un qui coûtait 100 dollars)... Ils n'utilisent que les meilleurs instruments électroniques (les leurs). Les glaçons, dans le verre de whisky, sont curieusement transparents: ils sont faits avec de l'eau distillée...

Un jour de 1986, nous faisons halte à Ogimachi, dans les montagnes au nord de Nagoya. Repas campagnard et nuit dans un *minshuku* – l'auberge communale typique. Comme c'est la saison basse et que nous sommes étrangers, on nous donne une chambre pour nous seuls – une très grande chambre où normalement plus de 10 clients, qui ne se connaissent pas, dorment dans la même pièce, à même le sol sur de minces futons. Il n'y a pas de verrou. Les enfants du village, intrigués par l'apparition d'une femme blonde et d'un homme barbu (mon mari portait alors une barbe fournie, une anomalie dans un pays où les hommes n'ont pas un système pileux développé), viennent régulièrement entrouvrir nos portes coulissantes pour nous observer à la dérobée avec des gloussements d'excitation.

Le soir, nous dînons à la longue table commune de plats mijotés et réconfortants, avec une vingtaine d'employés d'une firme d'ingénierie, venus là pour un week-end de réunion professionnelle. Ils se soûlent vite, et les salariés rient à gorge déployée aux facéties du patron (facile à reconnaître, c'est le seul dont les blagues déclenchent les fous rires de tous). Je les entendrai ronfler pendant la nuit, derrière la cloison « mincissime » qui sépare nos deux chambres (ils dorment tous dans la même).

Le lendemain matin pourtant, ces messieurs paraissent frais et dispos. Il pleut à boire debout, et même avec l'aide cordiale de l'aubergiste, nous n'arrivons pas à décoder les horaires des autocars qui doivent nous mener à Kanazawa, au-delà des montagnes. Qu'à cela ne tienne, à grand renfort de gestes et de sourires, le chef du groupe nous offre de nous amener à destination dans l'une de leurs voitures. Le cortège s'ébranle. Nos nouveaux amis ont eu la prévenance de nous installer dans la voiture où se trouve un cadre qui parle un peu d'anglais.

« *Where do you come from ?*
— *From Canada.*
— *Canada ? Bomme-Barr-Dierr !* »

Ces messieurs travaillaient pour un sous-traitant de Bombardier ! Deux heures plus tard, après avoir passé par des routes de montagne boueuses et presque impraticables, nous arrivons à Kanazawa. Bien sûr, nous croyons que nos hôtes vont s'y arrêter eux aussi. Nenni. Ils doivent se rendre à une heure de là, dans une autre région. Sans nous le dire, ils ont fait un long détour, par un temps abominable, pour nous amener à bon port. Nous nous confondons en remerciements et leur offrons – mais ce n'est pas assez – la bouteille de whisky que nous réservions pour les amis que nous allions rejoindre à Kanazawa. Morale de l'histoire : ne jamais voyager au Japon sans apporter de beaux cadeaux dans ses valises. Vous risqueriez de vous retrouver les mains vides devant ces Japonais dont le sens de l'hospitalité est aussi exubérant qu'ils sont eux-mêmes énigmatiques.

En 2010, le monde entier, incrédule et ébloui malgré l'horreur, a vu comment les Japonais ont réagi face aux trois cataclysmes combinés du tsunami, du tremblement de terre et de l'explosion de la centrale nucléaire de Fukushima. Pas de panique. Pas de pillage dans les magasins ouverts à tout vent. Pas d'explosions dramatiques de colère ou de chagrin devant les caméras. Discipline, stoïcisme, solidarité silencieuse... Tout de suite, l'éthique du travail était à l'œuvre pour la reconstruction – la même éthique qui pousse la plus humble fleuriste à émonder consciencieusement chacune des tiges du plus modeste bouquet pour réaliser un produit parfait.

LA CUISINE
ET LES MÉDIAS

———

La chose est difficile à croire, étant donné que les gourmets d'aujourd'hui ont toutes les couleurs de l'arc-en-ciel idéologique, mais, pendant longtemps, la gastronomie a été le domaine réservé de la droite – non seulement parce que les gens de droite, en général plus riches, avaient davantage les moyens de fréquenter les restaurants, mais aussi parce que le plaisir hédoniste du bien manger était, pour les anciens marxistes, une frivolité peu compatible avec leurs austères idéaux.

Encore aujourd'hui, en France, c'est le quotidien de droite *Le Figaro* qui se distingue par l'intérêt suivi qu'il porte à la gastronomie, alors que les autres quotidiens français, plus ou moins identifiés à la gauche, s'en désintéressent à peu près complètement, sinon à l'occasion en consacrant une brève à tel restaurant à la mode ou aux réflexions d'un chef célèbre. Et MM. Gault et Millau, du guide du même nom, étaient tous deux bien identifiés à la droite.

Le même clivage s'est produit au Québec, mais c'est déjà de l'histoire ancienne. À *La Presse*, dans les années 70, le titulaire de la chronique gastronomique était Roger Champoux, dont c'est peu dire qu'il avait le cœur à droite. De retour d'une tournée en Afrique du Sud, il avait écrit une série d'articles à la gloire de l'apartheid. Il louangeait ce système de ségrégation qui, disait-il, mettait en valeur les talents respectifs des deux communautés : aux Blancs, plus cérébraux et plus efficaces, la direction du pays ; aux Noirs, si « physiques », la musique et les sports...

Parallèlement à ces stupéfiantes considérations, Champoux était un bon vivant qui se délectait d'un plantureux repas, à un tel point qu'il lui arrivait d'en perdre son vocabulaire pourtant étendu. « Ah ! Que c'est bon, les fraises, quand on aime les fraises ! » écrivit-il un jour.

La critique gastronomique a mis beaucoup de temps à démarrer au Québec. Paradoxalement – car après tout, les francophones étaient bien plus amateurs de fine cuisine que les anglophones –, nos journaux se sont pendant longtemps laissé damer le pion par la *Gazette*, qui publiait chaque semaine des recettes utilisant les produits de saison et des critiques sur les restaurants montréalais.

Dans le *Globe and Mail*, l'excellente Joanne Kates critiquait les restaurants torontois, sillonnant à l'occasion le pays et suivant de près les carrières des meilleurs chefs. Le *New York Times*, le grand journal de référence, ne considérait pas indigne de consacrer deux ou trois pages chaque semaine à la restauration et à des recettes intéressantes. À Montréal, capitale historique de la gastronomie au Canada et unique îlot français en Amérique, c'était silence radio, ou presque.

La Presse, pendant toutes ces années, se contentait des courts billets de Françoise Kayler, laquelle devint rapidement une institution pour la simple raison qu'elle n'avait aucun concurrent dans la presse francophone.

Françoise Kayler était une très belle femme, mais il émanait d'elle une sorte de tristesse, disons une absence de joie de vivre, fort peu compatible avec la gastronomie, activité ludique et sensuelle s'il en est une. Dieu sait pourquoi elle s'était orientée vers la critique gastronomique, car, elle ne s'en cachait pas, elle n'aimait pas cuisiner. Pour mieux rabaisser cette activité, elle disait qu'elle « faisait à manger ». Comme les patrons de l'époque ne s'intéressaient pas à la cuisine (c'était le domaine exclusif de leurs épouses, reines du foyer), ils n'y voyaient que du feu.

Son style reflétait sa personnalité : des phrases correctes et courtes, sans entrain ni étincelles. Son jugement sur un plat pouvait se résumer à ceci : « Le veau avait les caractéristiques de cette viande. » Textuel. Elle fonctionnait *by the book* : elle était évidemment capable de juger de la qualité d'une cuisson ou d'un ingrédient, mais la fantaisie, l'innovation, l'exotisme à plus forte raison, lui étaient étrangers.

Elle se souciait particulièrement de l'état des toilettes : elle prétendait que c'est à cette aune que l'on juge de la qualité des restaurants – curieuse assertion, car, à l'époque, on trouvait des toilettes pour le moins douteuses dans de très bons bistrots parisiens. Chacune de ses critiques comportait un petit tableau d'honneur... non pas sur la qualité des plats et du service, mais sur le degré de propreté des toilettes de l'établissement.

Françoise Kayler avait pour politique de ne jamais parler des chefs. Était-ce parce qu'à « personnaliser » la performance des restaurants elle risquait d'attirer la controverse, chose qu'elle évitait comme la peste ? Parce que l'obligation de suivre les déplacements des chefs, d'un restaurant à l'autre, représentait trop de travail ? Je n'en sais rien, mais cela privait le milieu de la restauration de l'aiguillon indispensable à l'émulation et à l'amélioration. Ce mutisme entêté induisait en outre le lecteur en erreur.

Au début des années 80, l'un des meilleurs restaurants montréalais était La Chamade, dans le quartier Rosemont. Nous y emmenions souvent des amis étrangers, fiers de leur montrer la qualité de la restauration québécoise. Un soir que nous y retournions en toute confiance, nous avons senti dès le seuil que quelque chose avait changé. Le décor, le menu et l'accueil dégageaient maintenant une sorte de banalité. Effectivement, le chef-propriétaire avait vendu son établissement avec la raison sociale, mais notre critique gastronomique nationale n'en avait pas soufflé mot.

Je lui ai demandé le lendemain pourquoi elle avait passé le changement de main sous silence. «C'est trop compliqué de parler des chefs, ils déménagent tout le temps», répliqua-t-elle d'un ton ennuyé. Ah bon? Mais si, aujourd'hui, Normand Laprise vendait Toqué! à un quidam, on en parlerait, non?

Avec la montée du mouvement bio, Françoise Kayler allait trouver un créneau qui convenait à son tempérament puritain. Elle excellera dans la couverture de l'industrie agroalimentaire et la promotion des produits régionaux et de la cuisine santé, domaines où la morale l'emporte parfois sur le plaisir. Fidèle à elle-même, elle allait d'ailleurs plus tard qualifier de «pornographie culinaire» (un bien gros mot) les livres de recettes joliment illustrés qui remplissent aujourd'hui les présentoirs des librairies.

À son crédit, il faut noter sa rigueur éthique: jamais sa chronique ne porta sa photo, ce qui est du reste la règle d'or du chroniqueur gastronomique, qui ne doit pas être reconnu. À son décès, en 2010, après 35 ans de travail dans le domaine de l'alimentation, les chefs qu'elle avait ignorés dans sa chronique furent unanimes à la saluer comme leur «grande alliée».

C'est Daniel Pinard qui fut le premier, avec son exubérante volubilité, à ouvrir au grand public les portes de la cuisine gourmande. Ses émissions, à Télé-Québec, se faisaient sous le signe de l'improvisation – Pinard, comme cuisinier, tournait les coins ronds. Qu'importe. Il apportait enfin la joie autour du fourneau et faisait saliver ses auditeurs.

À *La Presse*, qui était tout de même le quotidien francophone le plus important en Amérique, la politique d'indifférence envers l'alimentation et la restauration se poursuivait. Cela changea radicalement avec l'arrivée, vers la fin du siècle, d'une équipe de direction plus jeune et plus au fait des tendances du jour.

La cuisine et la gastronomie prirent enfin la place qui leur revenait dans tout grand quotidien généraliste: cahiers hebdomadaires axés sur les produits de saison, pages illustrées de photos en couleurs, recettes allumées (un premier collaborateur assidu fut Ricardo Larrivée), critiques de restaurants, information sur les chefs et sur les dernières tendances.

C'est Marie-Claude Lortie qui allait y devenir critique gastronomique principale. Contrairement à Mme Kayler, Mme Lortie incarnait la joie de vivre et elle connaissait la cuisine en pratique autant qu'en théorie.

Elle ne se contenta pas de flatter les papilles du lecteur et de donner des avis informés sur les restaurants. Rejoignant en ce sens la ligne déjà tracée par Françoise Kayler, elle allait militer en faveur de l'alimentation biologique et des méthodes écologiques de l'élevage, de la pêche et de l'agriculture. Elle allait aussi s'insurger contre les ravages causés par les régimes alimentaires, expliquant, à l'instar des diététistes éclairés, que la privation ne donne rien, et qu'il faut plutôt réduire les portions et ne pas manger plus qu'à sa faim en apprenant à déceler les signes de la satiété.

La section «Gourmand» regroupe aujourd'hui une équipe de plusieurs journalistes qui s'y connaissent en cuisine, en vin et en restauration, y compris évidemment l'incontournable Jacques Benoit qui tient depuis de nombreuses années une chronique très lue, qui a grandement contribué à élever le niveau de qualité des vins consommés au Québec.

À *La Presse* comme dans les autres médias, la gastronomie a cessé d'être une section marginale. *Le Devoir* y consacre une chronique hebdomadaire tenue par Philippe Mollé, un ancien chef qui collabore aussi à Radio-Canada. Yannick Villedieu officie à *L'Actualité* pendant que *Voir* accorde à la restauration la même importance qu'aux autres manifestations culturelles, et que Lesley Chesterman, à la *Gazette* et à la radio de la SRC, suit avec finesse et entrain la scène gastronomique montréalaise.

Les États-Unis ne sont pas en reste, comme en témoigne la profusion des magazines à grande diffusion comme *Bon appétit* ou

Gourmet. Autant de publications de facture extrêmement professionnelle que s'arrachent les *foodies* américains, ces quasi-néophytes
dans l'art du bien manger qui, comme justement tous les néophytes,
pratiquent le culte de la bonne chère avec un zèle excessif.

Bon appétit consacrait récemment un dossier spécial à la préparation du kouign-amann, ce gâteau breton de pâte feuilletée qui
doit bien être l'une des recettes les plus difficiles au monde ! C'est
dire le degré d'exigence de son lectorat.

Ce magazine a aussi eu la bonne idée d'inviter ses lecteurs à parler
d'un plat qu'ils ont particulièrement aimé dans un restaurant, où que
ce soit au monde. Ses recherchistes communiquent avec le restaurant pour en avoir la recette et l'adaptent au besoin si elle est trop
compliquée. Et ça marche à tout coup, car les restaurateurs qui ne
se seraient pas donné la peine de répondre à un quidam ne résistent
pas à l'offre du grand magazine qui leur offre une visibilité enviable.

Au chapitre des palmarès critiques, le *Guide Michelin*, qui tire à
1,2 million d'exemplaires dans le monde entier, continue à faire autorité dans le domaine de la restauration et de l'hôtellerie, même s'il est
souvent contesté. Fondé au tournant du XXᵉ siècle par la compagnie
de pneus éponyme, il a acquis sa vocation gastronomique dans les
années 30. Ses jugements font la fortune et le désespoir des chefs.

La fameuse « bible rouge » couvre 11 pays européens, avec des éditions à New York, Tokyo et Hong Kong. Le *Michelin* était mon-
dialisé bien avant l'économie, car sa formule de signes graphiques
s'adapte à toutes les langues. Les très grands restaurants, qui se si-
gnalent à la fois par leur valeur gastronomique et la qualité du service
et du décor, reçoivent de une à trois étoiles en forme de macarons.
Les restaurants qui offrent une bonne cuisine dans une ambiance
confortable reçoivent de une à quatre fourchettes. Les bistrots qui
se distinguent par un bon rapport qualité-prix sont identifiés par
des « Bib Gourmand ».

Le *Guide Lebey*, avec ses descriptions détaillées et précises, est celui qui est le plus utile à Paris (c'est de loin mon préféré). Le *Bottin*

Gourmand est compétent, mais trop lourd; le *Gault et Millau*, plus disert, mais ses conclusions sont un peu fantaisistes (les rédacteurs ont longtemps jugé les restaurants par la quantité de jolies filles qu'ils attiraient!).

Nouveau venu, le guide *Fooding*, né du désir de jeunes Français amateurs de bonne bouffe (on les insulterait en les appelant des gastronomes, même s'ils le sont) de faire bouger les lignes en s'insurgeant contre une cuisine française trop élitiste. Ce sont les enfants de la bistronomie, cette grande vague dont le père est Yves Camdeborde (La Régalade) et la mère, Adeline Grattard (Yam'tcha, un bistrot de fusion sino-française).

Ils poussent plus loin la révolte contre la restauration encensée par le *Michelin* en embrassant non seulement la fusion (qui de toute façon imprègne déjà depuis plusieurs années toutes les bonnes tables à travers l'Occident), mais aussi, j'allais dire surtout, la culture culinaire américaine. À eux, les hamburgers et les club sandwiches… revus et corrigés, tout de même, par de jeunes chefs inventifs formés aux techniques classiques.

Leurs palmarès annuels, ignorant les «valeurs sûres» et les grands noms, célèbrent des bistrots dont la plupart sont situés dans des quartiers populaires, de petites tables où l'on mange très bien à des prix modiques, dans une ambiance décontractée. Les jeunes Américains en visite à Paris, tremblant à l'idée de se faire snober par des garçons de café hautains et cassants, meurent de bonheur quand ils atterrissent dans une de ces boîtes où l'on mange un peu à l'américaine et où le chic du chic consiste à parsemer ses phrases de mots anglais. La table chouchou du *Fooding* est d'ailleurs un bistrot appelé Frenchie.

L'autre révolte contre la culture conformiste du *Michelin*… et aussi contre cette France que le monde entier jalouse, est venue, il y a quelques années, du palmarès institué par la revue britannique *Restaurant*, en collaboration avec la compagnie San Pellegrino, qui se pique de choisir «les 50 meilleurs restaurants au monde» – un pari aussi prétentieux qu'irréaliste.

Le parti pris antifrançais de cette entreprise est assez évident. Non que ses lauréats soient sans mérite, au contraire. On privilégie l'innovation, ce qui a successivement élevé El Bulli et Noma au rang de « meilleur restaurant du monde ». Mais il reste assez étonnant qu'un seul chef français (Pierre Gagnaire) ait été sélectionné en 2002, que d'année en année la France se classe aussi bas, et que l'on fasse une aussi large place à des restaurants péruvien, mexicain et russe en ignorant les meilleures tables françaises. Dans le palmarès de 2014, les Français sont un peu plus présents, mais en queue de peloton. L'Arpège, Le Chateaubriand, L'Atelier de Robuchon et L'Astrance sont sous le vingt-cinquième rang.

On note aussi l'absence, dans ces classements, des restaurants japonais, dont la qualité exceptionnelle n'est pourtant plus à prouver. François Simon, le critique gastronomique français, a démissionné du jury de San Pellegrino justement parce qu'il compte très peu d'Asiatiques.

« La composition du jury, a-t-il confié en mai 2014 au *Nouvel Observateur*, ne me semblait pas très sérieuse. La plupart des jurés sont chefs et restaurateurs, et n'ont par définition pas le temps d'aller au restaurant pour se faire une idée de la concurrence. Donc c'est avant tout de la cooptation[1]. »

C'est aussi une opération de marketing. « Ce classement, poursuit M. Simon, s'appuie sur des sponsors extrêmement puissants, comme San Pellegrino et Nescafé, qui choisissent de mettre en valeur des marchés où ils espèrent se développer, comme en Amérique du Sud. La puissance de feu commerciale de ce classement, associé au laxisme de certains journalistes, qui le prennent pour argent comptant sans prendre la peine de se faire leur propre opinion, explique son incroyable succès médiatique. Mais ce n'est pas un instrument fiable. »

À en croire la liste San Pellegrino, le Danemark serait à l'avant-garde de la gastronomie. Pourtant, signale M. Simon, « à part Noma et la dizaine de bonnes tables qu'on trouve à Copenhague, la cuisine danoise est très fruste, sans finesse, avec la pomme de terre pour produit de base…[2] ».

Une autre raison expliquant l'incohérence de ce palmarès tient au fait que, parallèlement au jury international de quelque 800 restaurateurs et critiques gastronomiques (lesquels sont tenus de voter pour un certain nombre d'établissements de leur région), le mot de la fin appartient à la masse anonyme de soi-disant «gastronomes-voyageurs» qui ont, eux aussi, droit de vote selon d'obscurs critères. Bref, aurait-on affaire ici, en plus d'une opération de marketing, à une sorte de guide *Zagat* haut de gamme?

Le guide *Zagat*, très populaire aux États-Unis, reproduit les opinions de la clientèle des restaurants recensés. Ces opinions peuvent donner un aperçu général du restaurant, mais elles ne sont pas fiables, car il ne s'agit que d'impressions basées sur une unique visite, souvent émises au surplus par des gens qui ne s'y connaissent pas du tout en matière de cuisine et de restauration. La formule ouvre également la porte à des campagnes de promotion ou de dénigrement lancées par des copains ou par des concurrents des restaurants en question.

Les mêmes préventions doivent s'appliquer aux «critiques» publiés sur Internet par Trip Advisor et les autres sites du même genre. Ces sites, très fréquentés, ont une utilité pour qui sait lire entre les lignes et décoder le sérieux des témoignages. On peut s'en servir pour confirmer l'idée que l'on se fait d'un restaurant, mais il faut se méfier des clients qui reprochent au patron son humeur bourrue ou qui en ont contre un «mauvais service» ou contre «les portions trop petites». C'est souvent dû à des malentendus d'ordre culturel.

Le *Michelin*, attaqué sur plusieurs fronts, tient la route... mais il vacille parfois. En 2004, un scandale éclate qui va fragiliser la crédibilité de la bible rouge. Après 16 ans chez *Michelin*, l'un de ses mystérieux inspecteurs, Pascal Rémy, se met à table (c'est le cas de le dire), rompant l'opaque culture du silence qui a toujours présidé aux opérations de l'auguste maison. Et l'on en apprend de belles.

Selon lui, pour les quelque 10 000 établissements répertoriés sur le territoire français, le guide n'a que cinq inspecteurs – ceux qui vont sur le terrain, examinent les chambres d'hôtel et goûtent aux plats. Ils peuvent passer jusqu'à 60 heures sur la route pour un salaire d'instituteur, la seule consolation étant que leurs frais sont remboursés (mais non les pourboires ni le vestiaire !).

En tout et pour tout, le personnel du *Michelin* compte une centaine de personnes affectées à ses différents services dans toute l'Europe. Ne nous demandons donc pas combien d'inspecteurs ont travaillé sur les guides d'Italie, de Grande-Bretagne ou d'Espagne... Alors que les critiques du *New York Times*, de *La Presse* ou de la *Gazette*, par exemple, n'écrivent jamais sur un restaurant qu'ils n'ont pas visité au moins deux fois et le plus souvent en compagnie d'autres convives, ce qui leur permet de goûter à plusieurs plats.

Loin d'être visités tous les ans par le *Michelin*, les établissements peuvent échapper pendant des années à toute réévaluation. Ce sont les lettres, louangeuses ou négatives, qui font bouger les choses... mais on ne vérifie pas si ces clients sont indépendants. On n'exige même pas une copie de l'addition !

On avait déjà pu constater des failles étranges. Ainsi, le directeur du guide a déjà été responsable du marketing – pas exactement un gage de rigueur. Selon Rémy, l'attribution des deux et trois macarons, loin de tenir compte des recommandations des inspecteurs, se décide à huis-clos, par la direction. Des connaisseurs du milieu ont relevé que Paul Bocuse, qui ne se renouvelle pas depuis des années, reste intouchable avec ses trois étoiles, tandis que d'excellents chefs-restaurateurs comme Guy Savoy ont dû dépenser une fortune pour refaire leur décoration avant de recevoir la troisième étoile qui aurait dû leur revenir bien avant.

J'ai interviewé pour *La Presse* Derek Brown, le directeur de l'époque, après la controverse déclenchée par les révélations de Pascal Rémy.

J'ai été étonnée de trouver un Anglais à ce poste, mais en fait, M. Brown, qui parle un français impeccable malgré son allure très *british*, était le prototype de l'Européen. Il a travaillé comme chef, sommelier ou gestionnaire dans des établissements français, autrichiens et londoniens.

Tel est d'ailleurs, affirmait-il, le profil de la majorité des inspecteurs, dont la plupart ont une expérience concrète du milieu. Combien sont-ils? Soixante-dix. Combien pour la France? «Impossible à dire», répond évasivement M. Brown, car tous les inspecteurs couvrent les 45 000 établissements des 11 pays européens recensés par autant de *Guides Michelin*. «Les critères sont internationalisés, car partout les gens recherchent les mêmes valeurs.»

Chaque inspecteur en mission commandée visite 700 hôtels et déguste 250 repas par année. C'est un travail dur – «on voyage beaucoup, on est toujours seul» –, ce qui, selon M. Brown, expliquerait qu'il n'y a que 15% de femmes chez les inspecteurs. Les restaurants étoilés ou «étoilables» ont toutefois un traitement particulier: «On y va à deux, pour comparer les notes.»

«L'idéal, dit-il, serait que chaque établissement soit revisité tous les 18 mois, davantage s'il y a des plaintes.» L'entreprise reçoit quelque 45 000 lettres par an, qu'on trie en essayant de dépister les campagnes organisées. «Si tout à coup on reçoit dix lettres dithyrambiques sur un établissement qui ne s'était jamais attiré plus de deux lettres en dix ans, il y a anguille sous roche.»

M. Brown s'est bien défendu d'avoir versé dans le copinage. «Nous n'avons pas intérêt à perdre notre crédibilité pour faire plaisir à la profession.» Il affirme que l'attribution des fameux macarons se fait collégialement.

Mais l'année suivante, rebelote. Un deuxième scandale éclate. Michelin a envoyé au pilon, en catastrophe, les 50 000 exemplaires de l'édition 2005 du Benelux, parce qu'un journal bruxellois venait de découvrir qu'un restaurant à qui le *Michelin* attribuait deux fourchettes et un Bib Gourmand n'avait pas encore ouvert ses portes! Le scandale s'est amplifié lorsque le patron de cet établissement pas encore ouvert a ingénument déclaré que cette reconnaissance prématurée était due aux «bonnes relations» qu'il entretenait avec Pierre Wynants, un chef belge réputé, et la direction du guide... Mauvais pour l'image!

Il reste qu'à travers ses tribulations la bible rouge continue à jouir du prestige que lui confèrent à la fois son ancienneté, sa formule de notation ingénieuse et le fait d'être l'un des rouages essentiels de la gastronomie, en découvrant de nouveaux chefs et en promouvant l'excellence.

—

1. «Vive la mondialisation!», dans *La cuisine: une passion française*, Le Nouvel Observateur, hors-série n° 86, mai-juin 2014.

2. *Ibid.*

RENDEZ-VOUS
AVEC TRUDEAU

———

C'était vers la fin des années 80. J'avais demandé un rendez-vous à Pierre Elliott Trudeau, qui était revenu à la vie privée à Montréal et avait un bureau chez Heenan Blaikie, histoire de recueillir quelques bribes d'information *off the record* (Trudeau n'accordait jamais d'interview), et aussi parce que je n'avais jamais eu l'occasion de me trouver en tête-à-tête avec lui, même si j'avais couvert beaucoup d'activités politiques dont il était le principal acteur.

Il accepta avec un peu de réticence, mais il accepta. Je savais, par certains de ses proches, dont Jacques Hébert et Gérard Pelletier, que, même si Trudeau affectait de ne jamais lire les articles le concernant, il avait été sensible à deux ou trois chroniques que j'avais écrites après les péripéties du rapatriement de la Constitution, particulièrement sur ce que d'aucuns avaient qualifié très abusivement de « nuit des longs couteaux ». J'avais pris le contre-pied de plusieurs commentateurs en affirmant, faits à l'appui, que la délégation québécoise avait elle aussi ses torts et qu'elle avait mal négocié.

Il me donna rendez-vous à L'Orchidée de Chine, rue Peel. Mon patron de l'époque, Michel Roy, qui le connaissait bien, m'avait dit :

«Invite-le», sous-entendant: «Règle l'addition, le journal paiera.» Je connaissais la réputation de radin de Trudeau, mais je m'étais insurgée. «Écoute, Michel, j'ai l'habitude de payer pour moi-même, mais, dans ce cas-ci, je ne veux pas ramasser l'addition pour un homme qui a l'âge d'être mon père, qui est un ancien premier ministre et un multimillionnaire par-dessus le marché!»

Je suis arrivée à l'heure, mais il était déjà là, l'air soucieux, le front posé sur la main, à la table ronde du fond, à l'étage du restaurant – la meilleure table, la plus privée. Après les salutations d'usage, il s'est lancé dans une dissertation qui préfigurait la sortie tonitruante qu'il allait faire plus tard contre l'accord du lac Meech. «Le Québec n'a pas besoin d'une béquille...»

Le patron s'occupait lui-même de son auguste client. Il vint précautionneusement nous apporter la carte, presque sur la pointe des pieds pour ne pas déranger. Trudeau y jeta un rapide coup d'œil et commanda d'autorité trois plats du jour, en me consultant à peine. Inutile de dire qu'il ne proposa pas de vin, même pas de bière. Nous nous contenterions de thé et de l'eau du robinet.

Ce fut un monologue plus qu'une conversation, cela va de soi et ne m'étonna pas. J'étais là justement pour ça: écouter. Il parla très longuement de questions constitutionnelles, en termes sobres et absolument pas vindicatifs. Le féroce polémiste qu'il pouvait être n'était pas au rendez-vous ce jour-là.

Nous mangeâmes nos trois petits plats sans intérêt, amusant contraste avec un autre lunch que j'avais pris au même endroit (et à la même table!) avec l'ancien leader péquiste Pierre Marc Johnson, alors chef de l'opposition. Ce dernier, bon vivant, avait analysé le menu, puis commandé les meilleures spécialités de la maison ainsi que du vin. Tout en parlant politique, il s'interrompait pour louer la saveur des mets. Nous avions partagé l'addition.

Avec Trudeau, cependant, le déjeuner s'est poursuivi beaucoup plus longtemps. À 15 h 30, nous étions encore là, dans un restaurant vide depuis un bon moment, assis sans bouger à la table du fond. Il parlait encore et toujours, absorbé par les convictions auxquelles il n'avait jamais dérogé. Il parlait en me regardant à peine, sans attendre de répartie, revenait sur le passé et présageait l'avenir, littéralement habité par son intérêt pour la question nationale et sa certitude profonde que toute recherche d'un statut particulier nuirait au Québec, en diminuant son importance sur la scène pancanadienne.

Quand j'avais déjeuné là avec M. Johnson, le patron était venu plusieurs fois nous demander si tout allait bien. Au dessert, il avait proposé une spécialité que le chef péquiste avait joyeusement acceptée. Mais avec Trudeau, le climat était tout autre. Le patron ne vint jamais nous interrompre pour demander si les mets nous plaisaient ni pour proposer un dessert. Il connaissait son client...

Dis-moi ce que tu manges, écrivit Brillat-Savarin, et je te dirai qui tu es... Pierre Elliott Trudeau était plutôt ascète en la matière. On avait l'impression qu'il aurait avalé n'importe quoi, distraitement, tout entier concentré sur le sujet qui occupait son esprit sans s'intéresser le moindrement à ce qu'il y avait dans l'assiette. Il me semblait que, même enfant, cet homme-là n'avait jamais dû dire «miam», ni faire le geste de se pourlécher les babines. Il faut de la sensualité pour s'abandonner au plaisir de manger. Sa réputation de *playboy* était fondée sur des conquêtes réelles, mais j'ai toujours eu le sentiment que le vrai Trudeau était un homme extrêmement réservé, qui s'ouvrait peu et qui aurait pu, à une autre époque, embrasser la vie monastique.

À un moment donné, Trudeau fit un signe pour réclamer l'addition. Le maître d'hôtel, d'un geste hésitant, posa le plateau au centre de la table, exactement entre nous deux, comme pour bien signifier qu'il ne présumait pas que l'ancien premier ministre serait le payeur. Fidèle à ma résolution, je ne bougeai pas. Pendant longtemps (10 minutes, 15?), l'addition resta là, piteuse quémandeuse, sur son petit plateau de plastique.

Finalement, Trudeau attira le plateau vers lui, lentement, comme s'il s'attendait à ce que je proteste. Il prit l'addition, et mettant ses lunettes de lecture, il la vérifia, ligne par ligne. Elle se montait à quelque chose comme 17 dollars et des poussières. Il déposa sa carte de crédit sur le plateau. À regret, je l'aurais juré. Il laissa 10 % de pourboire.

Quelques années plus tard, alors que je préparais un recueil de portraits de chefs politiques, j'ai requis un autre rendez-vous, cette fois pour avoir un discret aperçu de sa vie personnelle.

Il accepta de bon gré et me donna rendez-vous au Taj, un restaurant indien de la rue Stanley. On y servait, le midi, un buffet assez médiocre, mais Trudeau affectionnait cet endroit qu'il fréquentait régulièrement. C'est là qu'il allait plus tard convier Max et Monique Nemni, qui voulaient lui demander son accord pour préparer sa biographie intellectuelle. (Mais dans ce cas, comme ils me l'ont raconté, ce sont les Nemni qui ont payé l'addition !)

Surprenant paradoxe, Trudeau trouvait la bouffe du Taj excellente, lui qui pourtant avait tellement voyagé et goûté à tant de festins exotiques dans les plus grands palais. Était-ce dû à son austérité légendaire ou au fait que le Taj était bon marché ? Au fond, cela revient au même : M. Trudeau ne valorisait pas la cuisine et jugeait probablement inutile de la payer cher, sauf si elle lui était offerte.

Cette fois, attablé au Taj, il était plus détendu. Les grandes batailles étaient derrière lui. Il répondit gentiment à mes questions, au demeurant très réservées, sur ses lectures et son emploi du temps, sur ses fils dont il était le parent principal. Il était fier d'eux, les voyait évoluer avec une affectueuse indulgence et ne semblait pas le moins du monde regretter qu'ils ne s'orientent pas, comme lui, vers des carrières vouées à la recherche intellectuelle.

Après cette conversation sereine, il n'allait pas se passer beaucoup de temps avant que le plus grand malheur qui puisse s'abattre sur un père ne le frappe de plein fouet. Son fils cadet, Michel, disparut dans une avalanche en Colombie-Britannique. Pierre Elliott Trudeau ne s'en remit jamais.

LA BATAILLE
DES SEXES

———

La cuisine est le lieu de tous les dangers, l'endroit d'où peut surgir le pire – les pires chicanes de couple comme les pires accidents.

Aucune pièce de la maison ne contient autant de dangers potentiels, des couteaux bien affûtés au feu de la cuisinière, en passant par l'huile fumante, l'eau bouillante, les éclats de verre cassé et les escabeaux qui peuvent vous jeter à terre si l'on n'est pas prudent en fouillant dans les armoires du haut.

Toute personne qui cuisine régulièrement en porte les marques aux mains et aux poignets – ces minuscules cicatrices blanches laissées par les innombrables coupures et brûlures que même les plus habiles s'infligent en cuisinant... sauf peut-être ceux qui poussent à l'extrême le principe de précaution : j'ai connu un dermatologue qui portait des gants chirurgicaux à la cuisine parce qu'il estimait que la peau ne peut supporter les fréquents lavages de main que l'on s'y impose. (La meilleure cuisine se fait avec les mains, disait la regrettée Marie-Hélène Poirier, une journaliste de Radio-Canada doublée d'un fameux cordon-bleu.)

Dans la cuisine, oui, le danger est partout : dans les couteaux qui peuvent tuer ou mutiler – l'arme du crime est à portée de la main, sur le comptoir... Dans le feu qui peut tout ravager en un instant. Je l'ai constaté d'un peu trop près, un jour que je touillais une sauce à feu vif. J'avais remonté les manches de mon chemisier, mais celle de gauche est retombée à mon insu et a pris feu à même la flamme vive de ma plaque de cuisson au gaz.

J'ai pu éteindre les flammes en mettant le bras sous le robinet, mais le feu m'en avait déjà brûlé une bonne partie. J'ignorais alors que la chair humaine est comme une viande qu'on vient de rôtir : même une fois sortie du four, elle continue à cuire ! Il aurait fallu, pour limiter les dommages, que je laisse mon bras sous l'eau froide pendant au moins 20 minutes.

Mais j'ai eu de la chance. Je repense avec horreur à ce qui serait arrivé si j'avais porté, plutôt qu'un chemisier de coton, un vêtement en textile synthétique, une matière qui s'enflamme instantanément et colle à la peau : le torse et le visage y auraient passé...

Dans la cuisine, on peut aussi perdre son couple, ou l'abîmer sérieusement. Si c'est dans la chambre à coucher que surviennent les drames les plus profonds, la cuisine est propice aux petits drames quotidiens – ces malentendus, ces rivalités malsaines et ces blessures d'amour-propre qui, à la longue, finissent par atteindre des proportions aussi dramatiques que la mésentente sexuelle.

Un reproche sur la qualité d'un plat peut déclencher une crise, pour peu qu'il y ait déjà des motifs sous-jacents de ressentiment. La cuisine, lieu d'interaction quotidienne, offre d'innombrables prétextes aux règlements de comptes qui prennent leur source ailleurs. Un aliment trop cuit ou pas assez, une serviette sale qui traîne sur le comptoir, de mauvaises manières de table, n'importe quoi peut faire ressortir d'anciens griefs ou des litiges enfouis.

C'est dans la cuisine qu'a commencé à se dissoudre le ménage de l'une de mes amies, quand son ressentiment envers son mari, à qui elle reprochait sa froideur et son égoïsme, a pris le pas sur le plaisir évident qu'elle avait à faire la cuisine. À un moment donné, elle a simplement cessé de cuisiner. Des années après son divorce, elle ne s'y est toujours pas remise.

La cuisine, en effet, n'est pas une activité domestique comme une autre, analogue au lavage ou au ménage. Parce que la cuisine renvoie à l'image de la mère nourricière – c'est un don, une preuve d'amour –, elle est investie d'une lourde charge affective et symbolique.

Cela n'a pas toujours été le cas. Jusqu'à la démocratisation de nos sociétés, la cuisine appartenait aux domestiques. La pièce elle-même, avec ses dépendances (l'office, le garde-manger), était vaste, mais sans apprêt. Les maîtres de la maison n'y apparaissaient que pour donner des ordres aux domestiques, et seuls les enfants en bas âge étaient autorisés à y manger. Les repas des adultes se déroulaient dans la pièce réservée à cet effet.

Dans les demeures coloniales du sud des États-Unis, les cuisines étaient des bâtiments séparés de la résidence des maîtres, pour éviter les risques d'incendie.

Partout au monde, dans les familles pauvres, la cuisine n'était que l'une des nombreuses corvées imposées à la femme. Elle avait d'autant moins le loisir d'y éprouver des états d'âme que son principal souci était d'avoir assez à manger pour nourrir la famille.

C'est avec l'émergence d'une nouvelle classe bourgeoise, moins riche que la noblesse, mais plus riche que le «petit peuple», que la cuisine est devenue le domaine réservé de la maîtresse de maison, encore que, pendant assez longtemps – jusqu'aux années 50, pourrait-on dire –, même les familles relativement modestes pouvaient encore s'offrir les services d'une bonne, en puisant dans l'immense réservoir des campagnes. À Paris, les servantes venaient de Bretagne, avant d'être remplacées par des Espagnoles, puis des Portugaises.

Quand la domesticité vint à manquer parce que les jeunes femmes pouvaient maintenant trouver du travail mieux rémunéré dans les usines, la cuisine devint l'apanage de la maîtresse de maison. Cela n'allait pas tarder à engendrer une nouvelle industrie : l'aménagement de la cuisine moderne. L'industrie et l'idéologie dominante joignirent leurs efforts pour attacher la reine du foyer à sa cuisine. Pour qu'elle y reste et résiste aux appels du marché du travail, elle devait y être heureuse...

La pièce conçue pour les domestiques était fonctionnelle, mais lugubre. Des murs de couleur neutre, des armoires montant jusqu'au plafond, un éclairage blafard. Désormais allait apparaître une nouvelle branche de l'architecture d'intérieur, l'aménagement et la décoration des cuisines. On connaît la suite : des magazines entiers y sont consacrés, et il y a peu de femmes qui n'ont pas eu envie, au moins une fois dans leur vie, de « refaire la cuisine ».

Parallèlement, l'industrie n'avait de cesse d'accroître la panoplie des ustensiles ménagers : l'humble hachoir à viande se voyait remplacé par l'impressionnante cohorte des appareils électriques, du robot culinaire au micro-ondes en passant par la mandoline, le zesteur, le mixeur à pied, le moulin à parmesan ou la machine Nespresso. Mais tout cela n'a pas empêché les femmes d'aller s'instruire et travailler... tout en gardant, dans la plupart des cas, la main haute sur la cuisine.

Les choses se sont compliquées lorsque la révolution féministe a invité les hommes à partager les tâches domestiques. Or (et qui pourrait les en blâmer ?), la seule tâche dite féminine qui allait les attirer a été la cuisine. Qui donc se passionne pour le balayage et l'époussetage ?

Peu à peu, les hommes le moindrement branchés allaient trouver plaisir et fierté à se charger des tâches culinaires... à l'occasion, dans des dîners spéciaux qui faisaient figure d'exploit. Monsieur réalisait un plat-vedette et s'attirait les compliments ébahis et les hourras des invités... pendant que Madame, dépitée, songeait aux multiples repas qu'elle avait préparés et qui étaient passés inaperçus.

Cette inégalité de traitement entre l'homme qui triomphe pour un unique repas de fête et la femme dont on ignore le patient labeur quotidien reflétait une inextricable réalité. Paradoxalement, en effet, si la cuisine a toujours été le lot quotidien de la femme, la grande cuisine qui en aurait été l'épanouissement logique lui était fermée. Aux femmes la cuisine privée, comme le dit l'historien Pascal Ory, aux hommes la cuisine publique...

À l'exception des « mères » qui ont fait de Lyon, au XIXe siècle, une capitale de la gastronomie bourgeoise, tous les grands chefs de l'histoire, d'Antonin Carême à Paul Bocuse, ont été des hommes.

L'entrée des femmes dans l'univers très masculin de la gastronomie est récente et, encore aujourd'hui, on compte très peu de chefs féminins de renom. Même si elle venait d'une famille de restaurateurs, il n'a pas été facile pour Anne-Sophie Pic, unique femme française titulaire de trois macarons au *Michelin*, de surmonter la méfiance des «anciens» de l'établissement quand elle a repris la direction des cuisines de la maison Pic après la mort de son père.

La même disparité existe à Montréal, où l'on compte très peu de femmes chefs dans la restauration. Exceptions notoires: Graziella Battista (Graziella), Emma Cardarelli (Nora Grey) et Helena Loureiro (Portus Calle et son bistrot éponyme). Deux autres chefs féminins renommés, Anne Desjardins (L'eau à la bouche) et Racha Bassoul (Anise, Bazaar), ont fermé leurs restaurants.

Mais revenons à la cuisine au foyer et à l'étape problématique qui allait suivre l'éveil de l'intérêt des hommes pour la cuisine. Une étape souvent marquée par une lutte de pouvoir pour le contrôle de la cuisine et par des rapports de force susceptibles d'engendrer de nouveaux types de griefs et de ressentiments.

Nombreux furent les hommes qui, ayant pris goût à cuisiner, se risquèrent à revendiquer un vrai partage.

Ah! Mais voilà, pour la plupart des femmes, leurs talents de cuisinière étaient l'un des principaux marqueurs de leur identité féminine, et elles n'allaient pas volontiers faire place à l'homme dans «leurs» cuisines, même si la charge des repas était souvent pour elles une corvée. On n'efface pas des millénaires de conditionnement psychologique en quelques années.

Dans son grand classique, *La mystique féminine*, Betty Friedan l'avait finement observé: consciemment ou non, les femmes inventent toutes sortes de stratagèmes pour garder le contrôle sur la cuisine; elles refont les armoires, changent la vaisselle et les casseroles de place, réaménagent les tiroirs et le cabinet aux épices; bref, elles s'organisent, sans nécessairement s'en rendre compte, pour que l'homme, ressenti comme un intrus, ne retrouve plus de points de repère s'il s'aventure dans la cuisine. Il y serait admis, à la rigueur, s'il se contentait de laver les verres et de couper les légumes, mais qui consentirait à un pareil marché de dupes?

La lutte de pouvoir s'étend aux activités connexes à la cuisine. En faisant elle-même le marché ou en y déléguant l'homme muni d'une liste d'épicerie détaillée à laquelle il a intérêt à ne pas déroger, la femme choisit elle-même les ingrédients qui composeront les menus de la semaine, s'assurant du même coup le contrôle de la cuisine. Au bout du compte, l'homme, qui s'était pourtant très bien nourri tout seul durant ses années de célibat, voit s'éroder ses capacités culinaires et finit par perdre le goût de faire la cuisine. Elle a gagné. Mais à quel prix?

Même les femmes les plus engagées professionnellement n'échappent pas à ce syndrome ancestral et s'enorgueillissent autant, sinon plus, de leurs exploits culinaires que de leurs réussites au travail. Ce syndrome est encore plus marqué chez les battantes, comme si elles ressentaient le besoin de se faire pardonner la transgression sociale qui les a menées à des postes «masculins», en mettant en valeur leurs talents traditionnellement féminins. La *superwoman* veut être tout à la fois: une gestionnaire impressionnante, une mère modèle, une femme séduisante... et un cordon-bleu.

J'ai une amie, impitoyable avocate en droit des affaires, que j'ai vue s'effondrer en larmes quand l'un de ses enfants lui a fait remarquer d'un ton badin que ses croissants (maison) n'étaient pas aussi feuilletés qu'auparavant. J'en connais une autre, chanteuse à succès, qui a été inconsolable pendant deux jours parce qu'elle avait oublié de servir, avec son osso buco, la gremolata qu'elle avait mis une demi-heure à préparer. C'était à ses yeux un échec pire qu'une fausse note dans un show!

Qui sait quelles cordes sensibles touche la cuisine? D'où vient ce besoin qu'ont les femmes de se prouver par la cuisine? Est-ce l'instinct? La pression sociale? Une forme d'insécurité? Un atavisme ancestral qui échappe à la raison?

Finalement, après 50 ans de féminisme, et quelles qu'en soient les raisons profondes, le fait est que, dans la plupart des couples où les deux travaillent, la cuisine quotidienne reste l'apanage des femmes, à l'exception de l'ouverture des huîtres et des bouteilles de vin, et, bien sûr, du barbecue, le domaine privilégié de la virilité assumée qui renvoie le tranquille banlieusard à l'époque héroïque où il jetait au feu la proie rapportée de la chasse pour nourrir sa tribu.

L'industrie n'a pas tardé à profiter de cet engouement pour le barbecue : on vend maintenant, pour plusieurs milliers de dollars, des cuisines d'été hypersophistiquées comprenant, outre le barbecue, des appareils à cuisson vapeur, des frigos, des éviers, des armoires et des réchauds... Maître incontesté du barbecue, l'homme s'aménage dans le jardin une cuisine parallèle.

Même dans les cas où le partage des tâches culinaires est chose faite, une sourde guerre des sexes se poursuit parfois. Je connais un couple où les deux sont d'excellents cuisiniers. Longtemps, ils ont collaboré à la confection de repas somptueux qui régalaient leurs amis, mais c'était au prix de multiples petites tensions. Deux chefs dans la même cuisine ? Impossible. Ils ont trouvé la solution en divisant rigoureusement les tâches : l'un prépare l'entrée et le dessert ; l'autre, le plat de résistance et la salade, le tout en alternance.

Telle est la formule gagnante, celle qu'il faudrait utiliser pour réaliser un vrai partage, mettre fin au monopole des femmes sur la cuisine et permettre à l'homme de jouir lui aussi de l'immense plaisir de nourrir les autres : préparer les repas tour à tour, un seul chef dans la cuisine, l'un et l'autre s'échangeant, à l'occasion, le rôle ingrat de sous-chef...

L'égalité n'efface pas les différences. Il y en a à tous égards entre les hommes et les femmes, y compris dans la façon de cuisiner. J'ai souvent remarqué que les hommes sont plus audacieux, voire plus inventifs que les femmes, qui ont en général tendance à suivre des recettes, soit par insécurité, soit parce qu'elles sont plus perfectionnistes.

Mon mari peut faire la cuisine au wok, auquel je ne touche pas. Il peut réaliser de succulents raviolis à la chinoise, ce que je n'ai jamais eu la patience de faire. Il s'attaque à n'importe quel plat avec résolution, sans prendre la peine de consulter une recette, se fiant à l'inspiration du moment. Alors que j'utilise les épices selon des règles assez fixes, il préfère expérimenter. Je ne sais pas exactement pourquoi, mais souvent ses plats sont plus goûteux que les miens.

Une fois, il a improvisé un filet de veau sublime, en enfermant dans une papillote la viande préalablement dorée à la poêle avec des cèpes séchés qu'il avait volontairement omis de réhydrater (une trouvaille qui ne me serait pas venue à l'esprit). Une autre fois, il s'est inspiré d'une recette chinoise pour préparer un fabuleux canard aux prunes séchées. Hélas, mon mari n'écrit pas ses recettes, alors il ne les reproduit jamais!

Mais ses leçons, souvent insistantes et parfois orageuses, ont porté fruit. C'est grâce à lui que j'ai mis fin à ma tendance à surcuire la viande et le poisson.

Je suis plus conformiste que lui, mais plus constante. Il a plus d'audace, mais il est plus imprévisible. Nous nous complétons si bien que, si deux chefs pouvaient coexister autour du même plat, nous serions le couple idéal!

DE MAO
AU BORDEAUX

———

C'est à 15 ans, avec ma copine Juliette, que j'ai découvert la cuisine chinoise... si l'on peut dire. À l'heure du lunch, nous quittions le collège Marie de France pour descendre vers Snowdon, où l'on avait déniché une gargote chinoise où nous commandions invariablement un *dinner for one for two*.

Bien plus tard, j'ai redécouvert la vraie cuisine chinoise à Vancouver, ville néoasiatique grâce à sa forte minorité originaire de Hong Kong. C'est une communauté prospère, qui a les moyens de bien se nourrir et de faire vivre toute une panoplie d'excellents restaurants. En effet, la bonne cuisine chinoise, contrairement à un préjugé répandu, coûte aussi cher que la bonne cuisine française, à plus forte raison la cuisine cantonaise, dont la qualité repose essentiellement sur la fraîcheur des aliments. La cuisine cantonaise ne ment pas, car elle ne masque pas des ingrédients médiocres sous des sauces épicées.

En 1981, premier voyage en Chine... Nous avions acheté un forfait pour Canton et Guilin, dans le sud de la Chine, à partir de Hong Kong. À l'époque, la Chine répartissait les touristes en trois groupes bien distincts : les résidents de la République populaire, les Chinois d'outre-mer (autrement dit la diaspora, qui inclut Hong Kong) et les Occidentaux. L'agence nous avait placés d'autorité dans ce dernier groupe. À la dernière minute toutefois, le voyage «occidental» a été annulé faute d'un nombre suffisant de participants. Mon mari a tellement tempêté que l'agence a fini par nous intégrer au groupe des Chinois d'outre-mer. Ce fut pour notre plus grand bien !

Les Occidentaux payaient le prix fort et logeaient dans d'abominables tours hôtelières à la soviétique où on les nourrissait de mets dits internationaux. Les touristes de la République déboursaient beaucoup moins, pour loger dans des hôtels minables. Entre les deux catégories, il y avait celle des chanceux, les Chinois d'outre-mer : hôtels modestes mais très propres, et savoureuse cuisine locale.

Dès notre premier repas, dans la charmante ville de Guilin, il y a eu une petite gêne. Nous étions, suivant la coutume, une dizaine par table. Nos nouveaux compagnons, des gens simples dont la plupart ne connaissaient pas un mot d'anglais, nous regardaient avec inquiétude. Ils ont eu l'air soulagé quand ils ont vu que nous mangions aisément avec des baguettes. Et encore plus soulagés lorsque, par des gestes et des mimiques, nous leur avons indiqué que nous nous régalions.

Chez nos compagnons, la conversation a repris de plus belle. Ils essayaient gentiment de nous y inclure par des signes. Nous avons vite compris qu'ils débattaient de la qualité des plats et s'échangeaient des recettes. Les Chinois parlent de bouffe encore plus que les Français.

Ce voyage était d'ailleurs, pour nos compagnons, une exploration gastronomique qui allait leur permettre de découvrir des mets inconnus à Hong Kong, mais dont ils avaient entendu parler : certaines espèces de champignons sauvages, des fruits locaux, le pangolin – un mammifère à longue queue recouvert d'écailles de kératine qui se nourrit de termites et de fourmis –, de même qu'un rongeur à queue de rat qui ressemble à un cochon d'Inde et dont la chair est particulièrement appréciée parce qu'il se nourrit de racines de bambou. En parcourant les marchés, nos compagnons étaient aux anges et remplissaient leurs sacs d'aliments qu'ils ne trouveraient qu'ici, sur le sol de leurs ancêtres.

Honneur suprême, ils nous ont invités à partager avec eux le banquet qu'ils avaient commandé à l'hôtel et qui comprendrait des spécialités régionales renommées ne figurant pas au menu habituel de l'hôtel. Le banquet devait avoir lieu à 21 heures. Alors on sauterait le dîner prévu pour 18 heures? Pas du tout, d'expliquer nos compagnons, on mangera deux fois puisque le dîner fait partie du forfait!

C'est donc la panse déjà bien garnie que nous sommes revenus deux heures plus tard dans la salle à manger de l'hôtel. Les plats se succédèrent, à la grande joie des convives qui applaudissaient chaque nouvelle apparition. Il y avait, entre autres mets, le fameux pangolin et le rongeur nourri de bambou, méconnaissables car ils avaient été détaillés en petits morceaux, de même qu'un grand bol de soupe épaisse et odorante où gisait une tortue entière dont la chair tendre s'arrachait facilement de la carapace à l'aide des baguettes. Les femmes faisaient des mines de dégoût, les hommes cachaient tant bien que mal leurs réticences. Le héros allait être celui qui entamerait la tête. Voilà qui met à mal la théorie selon laquelle les Chinois mangent n'importe quoi sans répugnance. Dans leur culture comme dans la nôtre, il y a des goûts acquis qui ne vont pas de soi.

Nous allions plus tard découvrir, une fois laissés à nous-mêmes pour la suite du voyage, en dehors de la bienheureuse bulle où voyageait la diaspora chinoise, que le paysage culinaire de la République était un univers lugubre. Dans la folle tentative de créer un «nouvel homme», le régime avait tout fait pour abolir la culture traditionnelle.

Dans les cafétérias collectives qui avaient remplacé les troquets d'antan, des fonctionnaires indifférents étaient aux fourneaux, et la cuisine des hôtels, à l'époque tous propriétés de l'État, allait de l'insipide à l'immangeable.

En 1986, lors d'un second séjour en Chine, nous avons eu droit à l'infâme – du riz froid et collé au fond de la casserole et des *stir-fry* cuits dans de l'huile rance… –, mais aussi aux mets les plus raffinés, lorsque nous étions invités par les cadres locaux de l'Association des «journalistes», qui n'étaient en fait que des fonctionnaires aux ordres du régime. Notre passage leur offrait l'occasion de commander, aux frais de l'État, d'excellents banquets largement arrosés de *maotai*, l'alcool de sorgho qui ponctue le repas chinois... et monte vite à la tête, car il peut contenir jusqu'à 57 degrés d'alcool!

Dans les restaurants de l'époque, la hiérarchisation propre aux régimes communistes s'étalait avec impudence. Dans les salles du rez-de-chaussée s'entassaient des travailleurs en camisole, autour de bols de riz parsemés de rares morceaux de viande et de quelques légumes. À l'étage suivant, la légère amélioration du décor annonçait une clientèle un peu plus aisée et des plats un peu plus ragoûtants. Au deuxième, enfin, se trouvaient les salles destinées aux fonctionnaires, où les plats, quoique sortis des mêmes cuisines, étaient plus raffinés. (Mais bien sûr, les hauts gradés de la nomenklatura avaient leurs propres restaurants, inaccessibles au commun des mortels, comme du reste leurs propres hôpitaux, à l'écart du peuple qu'ils prétendaient servir.)

Le pire, c'étaient les crachoirs disposés partout – dans les hôtels et les restaurants, même à côté des meilleures tables– de quoi vous couper définitivement l'appétit, même si l'on savait qu'en Chine une ancienne tradition veut que le crachat soit bénéfique pour l'organisme. Aux crachoirs omniprésents s'ajoutaient les rots, les éructations sonores et l'usage ostensible du cure-dents.

Tout cela était à peu près disparu lorsque nous y sommes retournés en 2007, puis en 2010. Ébahis et admiratifs, nous avons redécouvert Shanghai, la métropole où la modernité la plus extravagante s'étalait orgueilleusement, redécouvert aussi les fameuses armées de terre cuite de Xi'an, sorties de la gangue de terre qui les emprisonnait encore en grande partie en 1986. Par rapport à nos souvenirs des années 80, la Chine était méconnaissable. Les musées, tragiquement laissés à l'abandon durant la guerre civile et la période maoïste, avaient été admirablement rénovés, et leurs précieux objets extirpés de leurs réserves. La restauration avait été rendue, comme il se doit, à l'entreprise privée. On pouvait y manger divinement.

Tout se mange en Chine. Les tripes, aujourd'hui presque disparues du menu français, se trouvent sur la table chinoise dans les formes les plus surprenantes, non seulement en ragoût, mais aussi en fines lamelles assaisonnées d'une vinaigrette. Dans un restaurant pékinois qui s'inspire de la cuisine du Yunnan brillent des plats délicieusement exotiques préparés avec de l'écorce d'arbre et des aiguilles de conifères. On voit donc que Noma, le fameux restaurant danois qui n'utilise que les produits de la nature scandinave, n'a rien inventé. La Chine sait depuis toujours exploiter toutes les ressources de ses forêts.

Tout se mange, oui, même les chiens (mais on n'en sert pas aux touristes). Faut-il rappeler qu'en France, il n'y a pas si longtemps, des bouchers peu scrupuleux vendaient des chats de ruelle en les faisant passer pour du lapin ? C'est d'ailleurs pourquoi les bouchers français d'aujourd'hui ont gardé l'habitude de présenter les lapins avec la tête, histoire de rassurer le consommateur.

Quant aux chiens, il s'agit en général d'animaux spécialement élevés pour la consommation, comme les pigeons chez nous. On vend encore de la viande de chien, plus ou moins clandestinement, dans les marchés publics, et elle coûte assez cher. On a vu, dans un marché de Yangshuo, un boucher en train de découper des chiens pour des clients qui les attendaient goulûment.

Selon une légende urbaine, surtout propagée par les maoïstes pour dépeindre la cruauté de l'ancienne classe dominante, les gourmets chinois les plus décadents dégustaient la cervelle bien fraîche d'un singe encore vivant, ligoté sous la table avant d'être trépané, de façon à ce que son crâne exposé émerge du plateau central. Cela s'est sans doute produit dans un lointain passé, mais rien n'indique que ce fut souvent le cas.

En Chine, nourriture et santé sont intimement liées. Nombre d'aliments sont recherchés pour leurs qualités médicinales. J'ai vu, au menu d'un restaurant chinois de Vancouver, une soupe baptisée

Bouddha's Delight, qui se vendait 600 dollars! Et pour cause: cette soupe contient notamment des ingrédients rares et coûteux – champignons importés auxquels les Chinois attribuent des vertus curatives, ormeaux, concombres de mer... La soupe Bouddha contient parfois des ailerons de requin, mais elle est en voie de disparition, à cause du tollé international déclenché par la façon dont la Chine, qui consomme 90 % de la production de requins, traite cette espèce menacée: les pêcheurs coupent les ailerons et rejettent à la mer le requin mortellement handicapé.

Nos chefs d'avant-garde n'ont rien inventé: le repas traditionnel chinois comprend toujours une gamme de textures et de saveurs différentes, où se succèdent le frit, le cru, le croquant, le tendre, le sucré, l'amer et le salé. Si le repas en comprend généralement, le riz ne fait pas nécessairement partie du banquet chinois, contrairement au stéréotype qui associe les Chinois au riz comme les Français à la baguette. En demander à la fin du repas serait le signe qu'on a encore faim, que votre hôte ne vous a pas assez nourri.

Dans ce pays dont la mémoire collective est marquée par le souvenir de famines innombrables et meurtrières (les dernières ne datent que des années 60 et 70, lors de la révolution culturelle), le salut rituel se dit: «Avez-vous bien mangé?» L'abondance de la nourriture est donc le premier symbole de la richesse ou de l'aisance. Dans tout repas chinois qui se respecte, les plats seront trop nombreux et trop copieux pour qu'une tablée normale puisse les finir, et c'est d'ailleurs une marque de politesse d'en laisser quand on est invité. Par contre, au restaurant, les familles apporteront les restes à la maison.

Le repas se clôt souvent, à l'inverse du nôtre, par la soupe, plus exactement un très bon bouillon qui joue le rôle de la salade servie chez nous entre le plat de résistance et le fromage: c'est une façon de clarifier le palais.

La cuisine chinoise traditionnelle ne comporte aucun produit laitier. Il reste que l'on produit du fromage dans les régions où vivent certaines minorités, et que l'industrie laitière chinoise prend de l'expansion, en raison du nouvel engouement de la classe moyenne pour le yaourt. Mais cette évolution peut aussi bien être un phénomène marginal dû à la mondialisation des goûts.

Pour nombre d'Occidentaux, le repas chinois se limite au *dim sum*, où l'on sert des raviolis farcis cuits à la vapeur dans des paniers d'osier. En fait, ce n'est là qu'un des innombrables éléments de la cuisine chinoise, un repas que l'on déguste surtout le midi, comme une sorte de *brunch*. L'expression *dim sum*, utilisée dans la province de Canton, signifie « en-cas », ou « petit manger ». Ailleurs, on parlera de *xiaochi*. Le *guotie* ou *kutien* est un petit chausson à la viande ou aux légumes, cuit à la vapeur. Ces pâtes diffèrent selon les régions. À Shanghai, le *xiaolongbao* enserre une farce de viande particulièrement juteuse dans une pâte épaisse et ferme. Le *jiaozi*, plus tard adopté par les Japonais sous le nom de *gyoza*, est un ravioli qu'on fait frire d'un seul côté.

À Xi'an, le meilleur restaurant de *xiaochi*, qui porte le nom édifiant de La Vertu fait la fortune, présente une multitude de mini-raviolis à pâte fine, sculptés en forme d'animaux ou de végétaux, chaque série ayant une farce différente. Ainsi, les raviolis en forme de canard seront farcis de chair de canard, les poussins de chair de poulet, et ainsi de suite...

Le dessert au sens où on l'entend en Occident n'existe pas. Des oranges, du melon ou des pastèques ajouteront une note fraîche à un repas qui, de toute façon, contenait souvent du sucre, même dans les plats salés. En revanche, les Chinois s'arrêteront volontiers l'après-midi dans un salon de thé pour déguster de petits fours aux amandes ou des gâteaux fourrés de pâte de haricots rouges ou jaunes.

Le seul aspect vraiment désorientant, pour l'Occidental formé par la tradition française, est l'arrivée simultanée des plats : ils sortent de la cuisine pêle-mêle, le canard avant les crevettes, la délicate salade de pousses de bambou après le porc aux piments... au risque que le goût des mets les plus fins soit occulté. Et l'on finira par manger froid. On a le réflexe de dire au service : « Attendez ! Pas si vite ! »

Respectez un ordre logique !» Mais la cuisine chinoise a ses propres lois, dont celle que les plats n'ont pas besoin d'être mangés très chauds. Dans les banquets, la présentation des plats obéit à un ordre prédéterminé, mais ce n'est pas le cas dans les repas ordinaires, même ceux des très bonnes tables.

Ce qui fait désordre à nos yeux tient sans doute au fait que, indépendamment de leur statut social actuel (la Chine compte des millions de nouveaux riches), la majorité des Chinois viennent de la paysannerie et en ont gardé les habitudes. Les paysans, qui travaillent à la dure, sont affamés quand ils s'attablent et attaquent le plat dès qu'il est prêt. Par ailleurs, la plénitude et l'abondance, symbolisées par le nombre de plats sur la table, marquaient le rang social dans la Chine de Mao comme sous les dynasties précédentes. Les banquets de l'ère monarchique, en France, obéissaient aux mêmes règles : tous les plats étaient servis en même temps sur d'immenses buffets pour épater et faire saliver les convives.

L'apparition simultanée des plats, de même que la culture paysanne, font que l'on ne reste jamais longtemps à table, sauf dans les repas de fête ou les dîners d'affaires, où l'on porte des toasts ponctués de discours tout au long du repas. Autrement, sitôt le repas avalé, on s'en va. Même dans les grandes villes, on dîne très tôt, vers 18 heures, voire avant, comme les *early birds* en Floride – et on se couche tôt, sauf si, à l'instar de la jeunesse friquée de la Chine moderne, on va en boîte... Une fois les convives partis, la table chinoise semble avoir été traversée par un ouragan, mais le personnel, toujours très nombreux, a vite raison du désordre.

Le repas chinois est une activité essentiellement collective. On se sert à tour de rôle à même les plats posés sur un plateau pivotant. Il y a une étiquette à suivre – l'étiquette, ici comme ailleurs, n'étant qu'un mélange d'hygiène et de courtoisie élémentaires. On utilise, pour se servir, les baguettes et les cuillers offertes avec les plats plutôt que ses propres baguettes. On prend soin de se servir de petites portions, histoire d'en laisser pour la tablée, quitte à se resservir quand le plateau tournera de nouveau. Les convives se servent toujours eux-mêmes à même les plats communs, sauf lorsque le mets est difficile à partager. Ainsi la soupe sera généralement servie par le personnel... ce qui est aussi bien, car cela évite au convive étranger la surprise de voir, au fond du bol de service, une tête de poulet coupée en deux !

La Chine, aujourd'hui, achète les meilleurs vins du monde (mais les revend à la clientèle des restaurants à des prix exorbitants). L'appétit de sa bourgeoisie montante pour la nouveauté et les symboles de la richesse étant insatiable, la Chine a même commencé à acheter des vignobles dans le Bordelais, le goût affirmé des bordeaux plaisant particulièrement aux Chinois habitués à des boissons de table à saveur marquée. De 2008 à 2010, des conglomérats chinois ont fait l'acquisition de quatre vignobles prestigieux dans le Bordelais, et ce n'est pas fini.

Mais la Chine a aussi commencé à produire ses propres vins. Ses terroirs sont multiples et variés, et les Chinois, qui ne ratent jamais le coche, ont fait venir, pour les conseiller, les meilleurs œnologues de France et d'ailleurs. La société Great Wall, qui existe depuis 30 ans, produit une gamme de vins qui vont du produit bon marché au haut de gamme, tout comme Chapoutier en France et Beringer aux États-Unis. Nous avons acheté à Shanghai, dans une boutique de la maison Grace Vineyards, dont les vignobles sont dans les provinces du Shaanxi et du Ningxia, un chenin blanc qui se comparait avantageusement aux blancs de la Loire.

Pour la nouvelle classe des Chinois enrichis, le vin est devenu un symbole de statut social, et la possession d'un vignoble, un motif d'immense fierté. On ouvre des vignobles même au nord du pays, dans le Ningxia qui jouxte la Mongolie et le désert de Gobi ! En 2015, la Chine devrait devenir le sixième producteur de vin au monde, et c'est déjà le septième plus grand marché du vin au monde, sur le point de surpasser la Grande-Bretagne.

L'Université de Pékin a un Département d'œnologie. Une femme d'affaires entreprenante de la capitale demande 3300 dollars, boissons comprises, pour donner un cours d'une journée sur la façon de boire le vin : surtout, ne pas boire la coupe d'un coup (comme on le ferait pour le *baijiu*), faire tourner le vin dans le verre, le humer... L'argent, ici, coule à flot autant que le vin. La version chinoise de *La Revue du vin de France* cible la clientèle qui a les moyens de dépenser... 30 000 dollars en vins par année !

Hélas, la contrefaçon, ce vice chinois, fait des ravages : selon le *Figaro*, il y a plus de Château Lafite vendus en Chine que mis en bouteilles en France !

Il reste que le vin ne fait pas vraiment partie du repas chinois, pas plus que le Coca-Cola (la boisson préférée des jeunes Français en dehors des repas festifs) ne fait partie du repas français. D'ailleurs, à cause de la présence forte des épices et du sucré-salé, le vin convient mal au repas chinois. La bière, ou un vin d'Alsace, comme le riesling, sont de meilleurs compagnons. Il faut toutefois, dans la plupart des restaurants, indiquer aux serveurs comment le servir, si l'on ne veut pas boire du vin blanc à la température de la pièce et du vin rouge dans des coupelles à *baijiu* !

La boisson par excellence du repas chinois reste la bière, de même que le *baijiu*, dont le *maotai* est l'une des marques les plus connues. On le boit dans des coupes minuscules, mais d'un seul coup, comme la vodka. À l'instar de notre trou normand, le *baijiu* sert à activer la digestion pour vous aider à poursuivre un repas trop copieux... La beauté de la chose est que le *baijiu* n'a pas ce goût sucré, un peu écœurant, des alcools français qui ont le même objectif. Le problème est que, selon la coutume chinoise, l'ingestion de *baijiu* se reproduit plusieurs fois au cours du repas, accompagnée de multiples toasts... Les voyageurs occidentaux, sauf quelques braves, se contenteront de siroter une coupelle de *baijiu* en guise de pousse-café... façon de parler, car si nombre de thés divers terminent admirablement le repas chinois, le café reste, en Chine, un produit assez exotique.

LA HIGH TABLE *

—————

Autour de la longue table de chêne, le silence est frisquet. Le professeur de *divinity* (théologie) mentionne qu'hier on leur a servi de l'autruche.

«De petits morceaux dans une sauce au vin. Une sorte de ragoût.

— *Ostrich? Indeed? Ah, well...*» commente l'archéologue.

Le silence retombe.

Je pense à intervenir spirituellement dans la conversation, pour faire remarquer que l'autruche, viande qui monte comme succédané au bœuf, s'impose particulièrement en cette période de vache folle... Mais je reste coite, au cas où il serait indélicat d'évoquer ce problème qui en cette année-là afflige l'Angleterre.

L'archéologue se ressert des faisans poêlés à la normande qu'un maître d'hôtel en livrée lui offre dans un plat d'argent.

«Pourquoi à la normande?» demande-t-il distraitement.

—

* Ce texte est tiré d'un reportage publié dans *L'Actualité* du 15 novembre 1996.

— C'est parce qu'il y a des pommes dessus», dit l'immunologiste.

Je brûle d'envie d'ajouter que c'est peut-être aussi la sauce à la crème qui justifie l'appellation, mais j'opte encore une fois pour la prudence et me contente d'avaler une autre gorgée de l'excellent *claret* que le Corpus Christi College de Cambridge achète depuis quelques siècles, en vrac, dans un vignoble bordelais.

Je regarde les bougies qui se consument doucement dans leurs candélabres d'argent massif, la finesse des verres de cristal, l'immense salle à l'auguste voûte, où la lumière du soleil couchant filtre à travers les vitraux. Les murs sont garnis des portraits de tous les austères *masters* qui se sont succédé depuis 1352 à la direction du collège.

Je regarde, au-delà du halo des bougies, le grand réfectoire qui s'étend devant nous – plus précisément au-dessous de nous –, les longues tables où se sustentent les étudiants et les chargés de cours de bas étage.

Ils n'ont pas accès à la *High Table*, très bien nommée puisque placée à l'extrémité de la salle, sur une tribune d'environ un mètre de hauteur, d'où elle surplombe la plèbe... symbole extraordinairement flagrant d'une stratification sociale unique en Occident.

Je regarde mon mari, très beau dans une toge noire qui lui va à merveille, mais qui lui vaudrait probablement d'être lapidé s'il osait la porter au Canada devant ses étudiants. Tous les hommes autour de la table sont en toge. C'est ainsi que, dans les collèges de Cambridge, comme d'ailleurs à Oxford, on s'habille pour dîner à la *High Table*. (Le portier du collège a une garde-robe remplie de toges pour les visiteurs.)

Étant l'exception visible et incongrue – femme, et non-universitaire par-dessus le marché –, je me surveille deux fois plutôt qu'une. Je peux d'ailleurs m'estimer chanceuse d'être là.

Dans les collèges de Cambridge, les femmes ne sont pleinement admises, comme étudiantes et professeures, que depuis les années 70... Auparavant, même les *bedders* (femmes de chambre) devaient avoir plus de 50 ans, histoire de ne pas troubler la paix des maîtres et de leurs étudiants.

En dehors de quelques soirées spéciales (celle-ci n'en est pas une), la *High Table* reste un endroit où presque tous les convives sont des hommes – tout à fait dans la tradition de ces institutions qui furent jusqu'au XVIe siècle des monastères et, par la suite, des communautés d'érudits et de chercheurs contraints au célibat.

Le professeur de théologie est veuf. L'archéologue est célibataire. Tous deux logent sur le campus. Cette salle à manger est, en vérité, leur cantine. Les professeurs, à Cambridge comme à Oxford, n'ont pas des salaires très élevés, mais ils sont nourris et logés au collège s'ils vivent seuls.

En ce sens, nous sommes chez eux, dans leur intimité quotidienne. Un privilège dû à un ami, *guest fellow* à Corpus Christi, qui, à ce titre, a le droit de convier à l'occasion ses propres invités à pénétrer au cœur du rituel exotique et fascinant de Cambridge. Si mon mari n'avait pas été lui-même professeur d'université, il aurait été difficile pour notre hôte d'emmener un couple à la *High Table*.

La dernière bouchée de la mousse au chocolat avalée, le doyen du groupe se lève. Nous le suivons jusqu'à la *Combination Room*, une autre salle à manger, plus petite, aux meubles sombres, dont les toiles de maîtres sont faiblement éclairées par la lueur des bougies posées sur la table. Une longue table d'acajou, garnie de coupes de fruits frais et confits, de noix, de menthes et de chocolats... sans oublier, bien sûr, les carafes de cristal ciselé dont le contenu (madère, porto...) brille à la lueur des bougies. L'atmosphère a changé. Le doyen du groupe répartit les places autrement qu'au dîner. Tel est le sens du mot *combination* : refaire le plan de table, recombiner les convives pour que tous, à la fin de la soirée, aient pu faire connaissance.

La conversation s'anime, prend même un ton convivial. Je découvre que l'immunologiste, dont l'accent m'avait du reste intriguée au dîner, est un Français du Berry, installé à Cambridge après un long séjour dans une université américaine ! Nous bavardons quelques instants en français. Le professeur de théologie devient plus disert. L'archéologue nous entretient de ses recherches, fascinantes, dans l'île de Crète, et des plus récents travaux sur l'écosystème forestier. Il connaît d'ailleurs fort bien nos forêts nord-américaines. Paradoxalement, explique-t-il, la prévention des incendies empêche les forêts contemporaines de se régénérer...

J'écoute, captivée, oubliant tout ce qui m'avait jusqu'ici semblé archaïque. Un pan minuscule de Cambridge s'ouvre, comme une étroite meurtrière ayant vue sur un paysage infini : un lieu où, depuis 700 ans, l'activité intellectuelle a été ininterrompue.

On m'expliquera plus tard cet étonnant fossé entre l'atmosphère détendue de la *Combination Room* et le silence lugubre qui présidait au dîner. Cela serait en partie le produit de l'éducation dans les *boarding schools*, ces pensionnats où la classe supérieure britannique (masculine) a passé toute sa jeunesse, dans un climat d'exigence extrême dépourvu de tendresse. Le prince Charles lui-même a avoué en avoir beaucoup souffert.

Le repas, au *boarding school*, est particulièrement éprouvant pour un garçon le moindrement sensible, parce que c'est à ce moment qu'il sera le plus en butte au harcèlement de ses camarades. On mange vite, pour en finir, et on s'empiffre pour combler le vide affectif. En silence, bien sûr... car où, sinon dans la famille, apprend-on à causer en mangeant ?

C'est pourquoi les habitués des *High Tables*, où l'on s'attendrait pourtant à trouver des manières exquises, mangent encore avec la même hâte goulue et taciturne. La conversation est réservée au digestif – pris dans la *Combination Room*, qui est aux collèges de l'élite ce qu'est le salon dans les clubs privés de Londres, où ces messieurs dégustent cigare et porto en devisant de choses et d'autres.

Tout, ici, étonne. À certains égards, les mœurs de l'élite britannique nous sont plus exotiques que celles des mandarins chinois. En traversant, le soir, l'admirable *old court* de Corpus Christi, je baisse instinctivement la voix pour ne pas déranger les résidents. Un doctorant me fait remarquer que, si j'étais une personne « de la haute » plutôt qu'une minable petite bourgeoise, je parlerais au contraire très fort si l'envie m'en prenait. «Tu en aurais le droit, et personne n'aurait rien à dire!»

Dans une société aussi hiérarchisée que la Grande-Bretagne, les individus qui appartiennent à la classe supérieure – l'aristocratie et la *gentry* issue des grands propriétaires terriens – se comportent à leur guise, non sans un léger mépris pour les codes de bonnes manières inventés par la bourgeoisie. D'où, par exemple, l'excentricité vestimentaire de l'*upper class* anglaise – libre, débridée, extravagante, superbement ignorante des règles. On fait ce qu'on veut parce qu'on en a le droit.

Il est presque impossible de rencontrer un Britannique, quelles que soient son origine et sa couleur politique, qui ne vous entretienne longuement de considérations sur les classes sociales. Ici, on n'échappe pas à sa classe. On y est identifié pour la vie, par son accent, les écoles qu'on a fréquentées, ses manières... et même, m'explique une amie anglaise, par la façon dont on tient sa tasse de thé! (Ne jamais oublier que la Grande-Bretagne n'est pas passée par une authentique révolution.)

C'est cela que reflètent Cambridge et Oxford, les universités ultra-élitistes qui ont quand même accueilli nombre de barbares étrangers (dont plusieurs Québécois, notamment grâce à la bourse Rhodes). Dans le monde anglophone, on dit que la formation idéale est un baccalauréat à Oxbridge (Oxford ou Cambridge) et un doctorat dans une grande université américaine. La formation générale en Angleterre, le savoir pointu aux États-Unis.

À Corpus Christi, il y a 50 professeurs pour 270 étudiants : un rapport de un pour cinq! Mais ne nous méprenons pas sur la richesse apparente de ces collèges : l'argent leur vient du passé plus que des gouvernements actuels. Pendant des siècles, ils ont accumulé des terres et font donc partie de l'ancienne *landed gentry* britannique, celle dont l'argent n'a plus d'odeur.

Les examens sont rares et les contrôles, inexistants. L'étudiant assiste librement à des cours, se concentre sur les sujets qui l'intéressent et rencontre son tuteur une fois par semaine. Même la classe professorale est hiérarchisée, du don au *fellow*, en passant par diverses catégories de chargés de cours et d'assistants de recherche (*readers*, *lecturers*, *demonstrators*, etc.).

Les diplômes sont délivrés par l'université (de Cambridge ou d'Oxford), mais leur prestige croît en fonction du collège où l'on a été admis, et qui constitue le milieu de vie et d'études avec ses résidences, sa cantine, sa bibliothèque, ses clubs politiques et ses propres activités culturelles.

Ainsi, Cambridge compte 31 collèges, dont les plus fameux sont le King's College, fondé par Henri VI en 1441 (sa vaste chapelle est une merveille de l'art gothique), et le Trinity College (28 prix Nobel). Soixante-deux prix Nobel et 13 premiers ministres britanniques sont passés par Cambridge... De même qu'Isaac Newton et Charles Darwin, Cromwell, Nehru et Rajiv Gandhi, les poètes Byron, Tennyson et Woodsworth, Francis Bacon, les philosophes Bertrand Russell et Ludwig Wittgenstein, et jusqu'à l'actrice-scénariste Emma Thompson...

Dans l'une des délicieuses cours intérieures du Gonville and Caius College, nous jetons un coup d'œil au panneau des résidents. Tiens, nous voici juste devant les fenêtres du professeur Stephen Hawking, qui habite au rez-de-chaussée, et pour cause. Le physicien de réputation internationale, qui occupe la chaire de mathématiques fondée par Isaac Newton, est confiné dans un fauteuil roulant, et il va de soi que les anciens cloîtres de Cambridge n'ont pas d'ascenseur.

Tout, dans cette très jolie ville, tourne autour de l'étude et des sports, dont l'élite anglaise est friande. Ici, on vend des écussons, des costumes de polo, des t-shirts de rameurs. Les librairies abondent. Les touristes aussi, mais des sections entières des collèges leur sont interdites. Des vaches broutent paisiblement sur le *green* – les vastes champs verdoyants qui bordent la rivière Cam. Les étudiants vont à pied ou à vélo dans la douceur d'un climat maritime, entre les bibliothèques et les pubs. Chez Ede & Ravenscroft, on fabrique des toges, mais aussi les costumes des couronnements royaux depuis plus de 300 ans. Les portiers qui font le pied de grue dans les vestibules des collèges qui parsèment cette ville-campus portent complet noir, gants gris et chapeau melon. Tous les rituels et les fastueuses cérémonies qui ponctuent la vie des collèges sont marqués par la monarchie (le chancelier de l'université est le duc d'Édimbourg) et la religion anglicane. On continue à réciter les grâces à la *High Table*...

Le système est complexe, cependant, car le mérite passe avant la naissance. L'université offre des bourses aux étudiants européens de talent. Mais pas à ceux d'outre-mer. Si jamais l'envie vous prenait d'envoyer votre enfant chéri à Cambridge, il vous en coûterait 16 000 dollars (arts), 19 000 dollars (sciences) ou 30 000 dollars (sciences appliquées, médecine).

Autre privilège dû à notre ami hôte, nous avons logé trois jours dans le *Master's Lodge* du Corpus Christi College et dans la chambre du duc, s'il vous plaît... le duc étant, bien sûr, nul autre que Philip d'Édimbourg lui-même. Il y a même une petite chambre attenante pour son valet de pied (ou garde du corps)! En voyant mon mari s'étendre sur l'un des deux lits jumeaux pour lire son journal, je me suis demandé s'il était dans celui du duc... ou dans celui de la reine!

En fait, cette grande chambre confortable au mobilier déglingué et à la moquette fatiguée n'a sûrement jamais accueilli le duc pour la nuit, encore moins son épouse. Les couples royaux ne partagent pas leurs appartements avec des roturiers, et leurs palais sont à 15 minutes de là en hélicoptère!

Mais nous avons été heureux comme des rois dans notre *Duke's Room*. Nos fenêtres donnaient sur la vaste pelouse du collège, qu'un jardinier ratissait soigneusement chaque matin, et le silence n'était ponctué que par le carillon d'une église saxonne et l'agréable roucoulement des colombes (qui n'a rien à voir avec celui, si détestable, des pigeons).

Ensuite, nous allions déjeuner, en compagnie de *dons* et de *readers* distraits et d'étudiants aux yeux lourds, d'œufs au bacon assez graisseux, dans le même réfectoire médiéval... mais à l'autre extrémité de la *High Table*, sur le plancher des vaches. On n'a pas deux fois le privilège d'être invité à manger dans les hauteurs.

En rentrant chez moi, j'ouvrais avec une clé gigantesque la lourde porte de la cour du collège, je passais tout droit devant l'écriteau qui disait « *This side of the court is private* », et j'entrais sans faire de bruit dans le *Master's Lodge*, à deux pas de la chapelle, d'où parvenait, l'après-midi, le divin son de l'orgue. À moi qui ne suis jamais allée à l'université, il ne manquait qu'une toge pour m'imaginer que je voguais vers le Nobel, main dans la main avec Isaac Newton.

UN DÎNER
AVEC LÉVESQUE

———

Nous sommes vers la fin des années 60. René Lévesque a démissionné du Parti libéral et il fondera bientôt le Parti québécois.

Je suis alors une jeune journaliste affectée aux informations générales. Je ne couvre pas encore la politique, mais je m'y intéresse beaucoup. Au bureau, le téléphone sonne. «Bonjour, c'est René Lévesque», dit la célèbre voix.

Trépidations et battements de cœur. Je l'avais déjà rencontré brièvement, lors d'événements sociopolitiques, mais je n'avais jamais eu de véritable conversation avec lui.

«J'aimerais bien parler de politique avec vous... Seriez-vous libre pour dîner avec moi ce soir?» poursuit la voix enrouée. Libre? Et comment! Le héros national requérait mes opinions sur la politique! J'en avais, justement, et de plus radicales que les siennes!

J'étais très jeune, mais quand même pas assez naïve pour ignorer l'intérêt très vif que Lévesque portait aux femmes. Néanmoins, je me promettais bien de l'impressionner par mon intelligence et mes opinions... et peut-être, qui sait, de l'influencer! En plus, cette rencontre, que je me promettais bien d'ébruiter, forcerait enfin mes collègues plus âgés qui couvraient la politique à me prendre au sérieux. Ils se mouraient tous d'envie de rencontrer Lévesque en tête-à-tête. Je leur damerais le pion!

Lévesque me donne rendez-vous Chez son Père, à deux pas de *La Presse*, le restaurant du Tout-Montréal où se retrouvait le gratin du monde artistique et politique. Le peintre Jean-Paul Mousseau en avait réalisé le décor – luminaires colorés en fibre de verre, cloisons ajourées de céramique blanche… La spécialité du chef était les pommes de terre sautées à cru.

J'arrive avant Lévesque, je m'assois dos au mur, à la table qu'il avait réservée. Il s'amène en coup de vent et me fait changer de place, de façon à avoir vue sur la salle. Ce n'était pas très poli – normalement, les femmes s'installent sur la banquette ou ce qui en tient lieu, et les hommes sont dos à la salle.

Mais qu'importe, me voici en tête-à-tête avec le grand homme! Enfin, pas vraiment… D'abord, c'est un avocat qui vient le saluer et qui s'attarde. Ensuite, c'est un groupe de journalistes – des vétérans, ceux-là –, puis Marcel Pepin, alors chef de la CSN, suivi de diverses personnalités dont j'ignore l'identité, mais qui se ruent sur l'occasion de causer avec René Lévesque. Le défilé n'arrête pas. Certains approchent une chaise pour finir leur verre à notre table. Lévesque échange des blagues et des propos d'actualité avec chacun.

Après le dry martini rituel, il a commandé un steak saignant et une bouteille de vin rouge. Je suis devenue invisible et je me console en picorant mes pommes de terre sautées.

Nous n'échangeons pas deux mots pendant ce dîner qu'il mène tambour battant, présidant avec une bonne humeur bourrue à la cour de disciples et d'admirateurs qui s'agglutinent autour de «notre» table.

Café et pousse-café. Puis il me prête tout à coup attention. «Je vais vous conduire chez vous, mon auto est garée tout près.»

Ha! Je serai enfin seule avec lui, nous pourrons causer! Une fois dans l'auto, il ouvre la radio pour écouter les nouvelles. Nous allons donc discuter de l'actualité politique... Mais il n'y aura pas de conversation. Je comprends rapidement que Lévesque a un autre projet pour la suite de la soirée. Un projet qui toutefois ne me convient pas.

Après avoir dissipé le malentendu, je suis rentrée chez moi en taxi, déçue, mais pas vraiment fâchée.

Je m'en voulais d'avoir eu la stupidité et la vanité de croire qu'un politicien de son envergure souhaiterait parler politique avec une journaliste néophyte. Je m'en voulais aussi de n'avoir pas prévu que cet homme qui aimait trop les femmes ne verrait en moi qu'une jolie fille dont il pouvait imaginer qu'elle serait disponible, en raison de l'empressement avec lequel j'avais accepté son invitation.

L'incident n'a aucunement affecté les rapports professionnels que j'allais plus tard avoir avec le chef souverainiste.

J'allais en effet le revoir très souvent, car j'ai suivi, d'abord comme reporter politique, puis comme correspondante parlementaire et enfin comme chroniqueuse politique, toute sa carrière depuis la campagne de 1973 jusqu'à sa retraite en 1985. Je l'ai interviewé d'innombrables fois, en conférence de presse ou en tête-à-tête. Nos relations furent, dans l'ensemble, empreintes de respect, de cordialité et d'estime mutuelle, compte tenu de la distance qu'imposaient nos situations respectives.

Quant aux idées dont je voulais naïvement lui faire part au cours de cet entretien avorté, je n'ai pas tardé à me rendre compte que l'unilinguisme intégral prôné par les indépendantistes radicaux, dont je faisais partie à l'époque, était irréaliste et antidémocratique. C'est Lévesque qui avait raison sur toute la ligne.

On a souvent qualifié René Lévesque de séducteur. Ce n'est pas tout à fait exact. S'il savait admirablement séduire l'électorat et si son charme personnel était légendaire, ses rapports avec les femmes qu'il convoitait étaient plus impulsifs qu'enjôleurs. Le vrai séducteur est celui qui se donne la peine de faire la cour à une femme même s'il n'entend pas lui jurer fidélité.

Le repas est très souvent l'amorce de ce processus de séduction. Le restaurant, parce qu'il est un endroit neutre mais accueillant, est le lieu entre tous où l'on peut faire connaissance, se jauger mutuellement, commencer à nouer des liens physiques, sans s'engager irrémédiablement.

Dans une ambiance détendue par le vin, l'un et l'autre y dévoilent leurs goûts culinaires et leurs manières de table, ce qui en dit généralement assez long sur le caractère et le tempérament d'une personne. Quand l'étincelle se produit, le restaurant offre mille prétextes au rapprochement : les mains qui se frôlent sur la table, les sourires complices qu'on échange à propos de tout et de rien, le mets qu'on donne à goûter à l'autre, les mains qui s'attardent sur vos épaules quand il vous aide à remettre votre manteau... Combien d'histoires d'amour ont commencé au restaurant ?

DE LA GASTRONOMIE
À LA BISTRONOMIE

―――――

L'élément déclencheur survint en 2003. Bernard Loiseau se tira une balle dans la gorge après avoir passé la journée à travailler dans la cuisine de son restaurant, La Côte d'or, trois macarons au *Michelin*.

Se serait-il suicidé s'il avait été un prof de lettres ou un vendeur d'automobiles? Probablement. Loiseau était, comme beaucoup de suicidaires, un grand dépressif. Il reste que son suicide est survenu après que le guide Gault et Millau eut ramené de 19 à 17 (sur 20) la cote de son établissement, et que la rumeur eut commencé à courir que Michelin songeait à lui enlever sa troisième étoile.

Le stress que provoque la recherche de la perfection est particulièrement dévastateur dans le domaine de la gastronomie. Un peintre, un écrivain, travaille seul. Un restaurant est une affaire collective et commerciale. Son chef-propriétaire est à la fois créateur, homme d'affaires et employeur, et il travaille non pas à l'abri de son atelier, mais sous l'œil critique du public. Il a pignon sur rue, de même qu'une réputation à préserver, jour après jour, sans répit, sachant qu'un critique peut survenir à tout moment et démolir son image après un repas décevant. Loiseau, déjà psychologiquement fragile, n'a pu résister à cette tension infernale.

Sans en être la cause directe, cet événement a marqué le début d'une petite révolution au sein du monde gastronomique. Le premier à réagir a été Alain Senderens, du prestigieux Lucas Carton à Paris. Il avait ses trois macarons depuis longtemps, tout allait bien en surface, jusqu'au jour où il a décidé qu'il en avait assez de faire la cuisine pour des touristes américains et japonais, et pour des gens d'affaires bénéficiant de faramineuses notes de frais. Il en avait marre d'inventer des plats auxquels le commun des mortels, parmi ses compatriotes, ne pourrait jamais avoir accès.

Il avertit Michelin qu'il sortait de la course et renonçait à ses étoiles. Il réaménagea son établissement, désormais éponyme, et son menu. Fini le caviar et le turbot hors de prix. Il allait maintenant réduire les prix et pour cela, bien sûr, utiliser des ingrédients moins coûteux, une main-d'œuvre plus polyvalente et proposer un service plus *relax*, moins susceptible d'intimider la clientèle ordinaire.

Chez Alain Senderens, le service est assuré par un personnel très peu guindé, ethniquement diversifié, et la cuisine est à l'image du personnel, cosmopolite et métissée. Les additions ne sont pas tendres mais beaucoup moins élevées qu'auparavant. Et Michelin s'est obstiné à lui conserver deux étoiles !

En réalité, seule une poignée de chefs renommés qui se sont de fait métamorphosés en hommes d'affaires « mondialisés » – les Bocuse, Ducasse, Robuchon, Gagnaire ou Passard – peuvent aujourd'hui maintenir de très grands restaurants sans risquer de subir le sort de Bernard Loiseau. La recette est simple, une fois qu'on a les qualités pour la réaliser : un très grand nom, une réputation et des nerfs solides, de l'argent ou de riches associés, et de multiples activités connexes (livres de recettes, produits de cuisine, ustensiles, vaisselle, tabliers, conserves, etc.), si possible sur plusieurs continents.

Le « grand » chef, qui n'a pas touché à une poêle depuis belle lurette, fournit des idées et des formules, qu'appliquent à la lettre les « chefs exécutifs » qui régissent les diverses cuisines du petit empire. Inutile de persifler. Dans l'assiette, le résultat peut être divin, car un chef exécutif compétent peut très bien faire le boulot. Mais ce sera également hors de prix, car on est ici dans le domaine privilégié de ce que j'appellerais la «gastrobusiness» – cela dit sans mépris. La grande cuisine, elle, a au moins le mérite de fournir des emplois à des dizaines de milliers d'artisans. Et il y aura toujours des gens capables de s'offrir de grandes expériences gastronomiques, comme d'autres s'offrent des safaris, des Mercedes ou des tableaux de maîtres.

Il est sûr, cependant, que rien ne remplace la présence du chef qui préside lui-même aux fourneaux de son établissement. Ainsi, Anne-Sophie Pic, héritière d'une longue lignée de chefs-hôteliers à Valence, se trouve chaque jour ou presque dans les cuisines de son restaurant triplement étoilé. Mme Pic est une jeune mère de famille. Son mari s'occupe du volet marketing de l'entreprise, qui comporte aussi une école de cuisine... La chef est donc presque toujours sur place, responsabilités familiales obligent! C'est tout de même une garantie de qualité.

Incidemment, cela illustre l'une des grandes règles de la restauration: pour bien faire marcher une affaire, il faut un couple. Homo ou hétéro, cela n'a pas d'importance, du moment que l'un est en cuisine et l'autre en salle, comme au restaurant La Porte, l'une des valeurs les plus sûres de la scène montréalaise, qu'une famille d'origine bretonne fait tourner rondement. Ou alors, le couple peut être formé d'un chef et d'un partenaire qui peut être le propriétaire des murs ou associé dans l'entreprise, comme c'est le cas au Toqué!, où Normand Laprise forme équipe avec Christine Lamarche. Ainsi, le chef peut se concentrer sur ce qu'il connaît le mieux: la cuisine, en laissant l'intendance à l'autre.

On commence maintenant à dissocier carrément la gérance de l'art, la génération montante des propriétaires de restaurants étant en quelque sorte ce que les galeristes sont à l'art.

Si, au Québec, on trouve nombre de chefs-propriétaires comme Jérôme Ferrer, Normand Laprise ou Martin Picard, de plus en plus de restaurants reposent sur l'association fructueuse et efficace d'un homme d'affaires comme Daniel Langlois et d'un chef dégagé des soucis financiers.

À Paris, les restaurants en vogue sont de plus en plus la propriété de jeunes entrepreneurs qui font équipe avec un chef talentueux ayant statut de salarié ou d'associé. C'est le cas, par exemple, d'Astrance, un trois-étoiles qui appartient à Christophe Rohat et doit sa réputation au chef Pascal Barbot. Passage 53 appartient à Doron Sarfati et Guillaume Guedj, qui supervisent le service pendant que Shinicho Sato règne sur la cuisine. Un an seulement après l'ouverture, l'établissement remportait sa deuxième étoile! Le Chateaubriand, propriété de Frédéric Peneau, met en vedette une autre étoile de la cuisine actuelle, Inaki Aizpitarte.

On voit par ces patronymes que la cuisine française n'est plus l'affaire exclusive des Franco-Français. Le métissage est désormais partout la norme. Sato joue en délicatesse sur le répertoire japonais, les influences d'Aizpitarte viennent du Pays basque. Preuve que les frontières n'existent plus dans la gastronomie, ce dernier a été formé par un chef serbe de Tel-Aviv!

La haute cuisine s'est délocalisée, les grands chefs espagnols ouvrent des antennes au Japon, le Suisse Galen Zamarra réinvente la cuisine américaine au Mas de SoHo, et au Baratin, l'un des bistrots favoris des chefs parisiens en congé, c'est une Argentine, Raquel Carena, qui est aux fourneaux. Gilles Vérot, le grand maître de la charcuterie parisienne, a ouvert deux adresses à New York et une autre à Londres.

Alain Senderens a fait des petits. En 2011, pour la première fois, le *Guide Michelin* accordait plus de Bib Gourmand (la distinction louant le rapport qualité-prix des bistrots) que de nouvelles étoiles. La mode est aux établissements de qualité, mais décontractés et à prix abordables.

La crise financière est passée par là. Les entreprises n'acceptent plus comme auparavant les notes de frais extravagantes. Dans le monde des affaires, on mange léger le midi, et l'eau minérale a remplacé le vin. On a de plus en plus tendance à faire venir un traiteur dans la salle de réunion plutôt que de sortir pour aller au restaurant.

Le marché du travail a évolué, donnant naissance à une nouvelle classe aisée : dans l'informatique, dans les communications aussi bien que dans l'enseignement, domaine qui s'est développé exponentiellement avec l'expansion des campus, les gens sont bien payés, mais vont travailler en jeans. Même les *traders* sont en t-shirt et en espadrilles. (Dans la haute finance, ceux qui portent des complets-cravates sont les cadres supérieurs ou les employés qui ont directement affaire aux clients.)

Cette nouvelle classe bourgeoise n'a pas envie, le soir venu, de s'attabler dans un grand resto à l'atmosphère coincée, où les conversations se font sur un ton feutré. On veut aller dîner avec des amis, dans un climat détendu.

L'autre clientèle qui monte est celle des femmes, qui occupent de plus en plus des fonctions bien rémunérées. Si les hommes, quand ils sortent avec leurs copains, optent pour des activités sportives, les femmes, quand elles sortent entre elles, préfèrent aller au restaurant, endroit propice aux longues conversations entre amies et à l'échange de confidences. Encore ici, le bistrot s'impose, car on n'ira pas, entre copines, dans un grand restaurant, ce genre de sortie étant réservé aux occasions spéciales.

Les restaurants qui montent sont les petits établissements qui réduisent les prix, offrent un service plus convivial que cérémonial, et un décor modeste et chaleureux. Et qui, aussi, accommodent les célibataires de plus en plus nombreux – d'où la prolifération des comptoirs dont L'Express, à Montréal, a été le précurseur : une formule qui évite au dîneur solitaire de faire face à une place vide et lui permet de lier conversation avec le barman ou ses voisins de comptoir.

C'est ce que l'on appelle la « bistronomie », contraction de bistrot et de gastronomie. Une tendance emmenée, à Paris, par Yves Camdeborde (La Régalade et Le Comptoir) et Thierry Breton (Casimir et Chez Michel).

Au tournant des années 90, après avoir travaillé dans les cuisines les plus célèbres, Camdeborde, fils de charcutier, ne se sent plus à l'aise dans l'univers du luxe. «Je ne m'identifiais pas aux clients et aux ambiances des gastros, dit-il au *Monde*. J'avais l'impression de jouer un rôle, de travailler dans un musée, alors que pour moi, un restaurant devait être un lieu de vie, créateur de lien social.»

Il ouvre La Régalade, dans le fond du XIVe arrondissement, à deux pas du périphérique. Nourriture roborative et petits prix. C'est la ruée. Gens modestes et célébrités s'y côtoient, au coude à coude, tout au simple bonheur de manger. La bistronomie était née officiellement, même si, en réalité, la formule existait bien avant le nom dans d'innombrables restaurants parisiens. Nombreux sont ceux qui, sans pour autant se réclamer de la bistronomie, allient innovation et tradition sans détrousser le client, du Repaire de Cartouche au Parc aux cerfs en passant par La Cerisaie, Le Villaret, La Cagouille, Le Pré Verre ou Caïus.

Ne nous laissons pas berner par le discours populiste de Camdeborde. Après avoir vendu son enseigne de La Régalade, il a ouvert un hôtel haut de gamme au Carrefour de l'Odéon (à partir de 300 euros la chambre), attenant à son Comptoir, un petit bistro où l'on mange très bien... à condition de faire le pied de grue sur le trottoir pendant au moins une heure si l'on n'a pas de réservation – un privilège réservé aux clients de l'hôtel... Avec le résultat que la plupart de ses clients sont des touristes américains et asiatiques !

Même s'il y a un indéniable effet marketing dans la bistronomie, un ancien concept retravaillé au goût du jour, il reste que la tendance répond aux besoins du marché.

Chez Michel, dans le Xe arrondissement, on peut déguster du gibier et des fruits de mer, y compris à l'occasion ces délices rares que sont les ormeaux, pour moins de 40 dollars pour un repas complet. Au Cornichon, dans le XIVe arrondissement, on se régale de plats succulents et créatifs pour une quarantaine de dollars par personne, vin compris. Au Chateaubriand, le rapport qualité-prix est une aubaine : 80 dollars pour un menu innovateur de six services (et l'on offre des vins au verre, ce qui réduira d'autant l'addition) !

Partout en France, le phénomène a essaimé. A l'extrémité sud du pays, dans la petite ville d'Agde, on dégustera les plats goûteux du bistrot d'Hervé Dos Santos, qui conjugue le savoir-faire classique aux influences portugaises, basques et méditerranéennes. On se damnerait pour ses couteaux à l'ail, ses moules au chorizo et ces piments *padrone* qu'on ne trouve qu'en Espagne...

Le Québec n'est pas en reste de bonnes tables à prix doux. Dans *La Presse*, Pierre Foglia évoque un dîner délicieux chez Légende, à Québec : salade de betteraves caramélisées, maquereau sur lit de lentilles, tartelette à l'érable et à la mousse de fromage de chèvre... Total de l'addition (sans vin) : 25,29 dollars. Voilà la recette de la bistronomie : ingrédients bon marché (betteraves, maquereau, lentilles) mais apprêtés avec art...

Si l'on réduit les prix, il faut couper quelque part. Les nouveaux bistrots sont presque tous situés dans des quartiers excentrés, ce qui déjà diminue le loyer. Ainsi, l'excellent restaurant Les coudes sur la table, à Montréal, est situé dans un quartier improbable, à l'angle des rues Sainte-Catherine et Fullum, et les nouveaux restaurants branchés abondent dans les anciens quartiers industriels de Griffintown, du Mile End ou de Saint-Henri, ou aux environs de la « promenade Masson », un quartier naguère peu connu où l'on peut maintenant très bien manger. De bonnes petites tables asiatiques redonnent vie au secteur sinistré de la rue Sainte-Catherine Ouest, grâce à la proximité des universités McGill et Concordia.

En France, les chantres de la bistronomie se sont mis à la recherche de vins de qualité à petits prix, en laissant tomber les grands crus au profit de produits moins connus, souvent d'origine étrangère. On a sacrifié la qualité du service, diminué le nombre de serveurs (un par convive dans les grandes tables, un pour 10 convives dans les bistrots), éliminé l'argenterie et la verrerie fine. À La Régalade, on ne vous donne même pas d'assiette pour la terrine qui sert d'amuse-bouche, on l'étale directement sur le pain.

Sacrifiées, aussi, les nappes blanches, ce qui représente une économie d'un euro par couvert. Les nouveaux bistrotiers n'ont même pas, comme les anciens, la prévenance de recouvrir de nappes de papier leurs tables de mauvais bois. On les nettoie en coup de vent avec un vieux torchon et basta! Le mobilier est souvent rustique, les chaises inconfortables et le service d'une lenteur extrême, comme au Chateaubriand, mais les gens font la queue, prêts à attendre une heure ou plus pour avoir une place, car on mange très bien dans ces nouveaux temples de la bistronomie.

Le client n'y dégustera pas de truffes ou de homard (sauf en payant un supplément), et l'on travaillera le plus souvent avec des ingrédients relativement bon marché (la joue et les jarrets seront plus présents que le veau de lait), mais le talent des chefs, qui réalisent des miracles avec des produits relativement humbles, fait oublier les ingrédients absents.

La formule repose souvent sur un menu fixe, ce qui a pour effet, bien évidemment, de limiter les coûts de production puisque la maison n'est pas tenue d'offrir une variété de plats à la carte. On économise ainsi sur la main-d'œuvre, tout en évitant les risques de pertes. Même Astrance, un trois-étoiles, n'offre qu'un menu fixe en proposant – autre formule gagnante – des verres de vins peu connus mais à prix abordables pour accompagner chaque plat.

Les restaurants qui présentent des menus uniques ont adopté une pratique américaine qui, au départ, a désarçonné les habitués des tables françaises, autour desquelles il était absolument malséant de parler de ses petits bobos. « Y a-t-il des aliments auxquels vous êtes allergique ? » vous demande-t-on de plus en plus. Si tel est le cas, le chef vous préparera un autre plat...

Autre formule très en vogue en France, idéale parce qu'elle accommode les petits budgets tout en misant sur les produits frais : un prix fixe – en deçà de 20 euros – pour l'entrée et le plat du jour, à peine plus si l'on veut ajouter un dessert... et des vins au verre à petits prix.

Au Québec, la bistronomie existait bien avant que les Français la désignent sous ce nom. De L'Express au Pied de Cochon, en passant par Leméac et les restaurants de tapas, on a vu naître une floraison d'excellents bistrots et de brasseries à prix (relativement) doux.

L'autre face de la démocratisation de la restauration de qualité, c'est l'apparition des petits frères, comme le T de Toqué! ou le F de Ferreira, dans le Quartier des spectacles de Montréal : un grand restaurant coûteux ouvre une succursale plus modeste, mais dont la cuisine sera aussi soignée que chez le grand frère, la différence étant que certains plats plus chers sont absents de la carte et que le service est moins stylé. L'addition, abordable, permet à tous de goûter à la cuisine des «grands».

On dispose aujourd'hui de plus d'aliments que jamais. Un seul commerce de bouche a disparu : les triperies, qui vendaient les abats – naguère principale source de protéines pour les classes défavorisées, car les viscères et les organes internes coûtaient moins cher que les muscles de l'animal de boucherie. La maladie de la vache folle ayant fait disparaître la cervelle pendant plusieurs années, on ne trouve aujourd'hui, dans certaines boucheries, que le foie, les ris et la langue, parfois les cœurs, les autres abats étant intégrés, méconnaissables, à la fabrication de la charcuterie. Au Québec, les tripes ne se trouvent plus à l'état naturel. Certains traiteurs en vendent, au marché Atwater par exemple, après les avoir fait cuire dans une sauce.

Alain Schifres, dans *Les Parisiens*[1], paru en 1990, a des pages savoureuses sur le sujet. Il déplore la disparition des tripiers, qui régnaient autrefois sur la boucherie française. «Il est plus facile de dénicher un (écrivain) *goncourable* ou même un plombier qu'un bon tripier. La disparition de ce métier est l'un des effets les plus consternants de la modernité.»

La modernité, effectivement, se présente aux yeux de Schifres sous la forme des produits surgelés, qui occultent tout ce qui faisait l'essentiel de la boucherie : l'odeur de la viande fraîche, le sang, les muscles et les os, les tissus mous et le cartilage – bref, la vie ou ce qu'il en reste à l'intention des carnivores.

Schifres, nostalgique des triperies odorantes de son enfance, compare les tiroirs frigorifiques des magasins Picard, que l'on trouve aujourd'hui partout en France (et qui ont maintenant leur équivalent à Montréal sous le nom de Cool & Simple), à des « sanctuaires où sont alignés des sarcophages bourrés de momies en vrac [...]. Le profanateur de sépultures, appelé ici le client, soulève avec gravité le couvercle d'un tombeau pour en sortir une petite relique glacée, opaque, et comprend qu'aucun des sens qu'il possède encore n'est sollicité dans cet igloo funèbre. [Quant aux vendeuses], ce sont les seules employées du commerce de détail dont la vision n'est peuplée que d'un alignement de cercueils vitrés... Chaque soir, j'imagine qu'elles accomplissent un effort déchirant pour remonter la chaîne du froid jusqu'à la chaleur des vivants... »

Même si j'adore l'humour caustique de Schifres, je ne partage pas sa vision noire. Il est vrai que les comptoirs de surgelés sont des surfaces aseptisées qui ne s'adressent qu'à un seul sens – la vue, et encore est-elle réduite à la contemplation d'un carton d'emballage. En revanche, un plat surgelé fabriqué par une bonne maison est bien meilleur qu'un produit en conserve ou simplement réchauffé. Mieux vaut, par exemple, cuire au four des feuilletés congelés à l'état cru que de réchauffer des feuilletés déjà cuits. La congélation ne fait qu'ajouter d'autres possibilités à l'offre classique. La diversité n'est-elle pas la clé de la liberté ? C'est vrai dans le domaine culinaire autant que dans celui de l'information.

Mais voilà que les tripes chères à Schifres refont une timide apparition dans la restauration, à la faveur de la montée de la bistronomie, où l'on valorise les saveurs franches et organiques. Les pieds, les abats et les viscères sont de retour... « Les tripes, c'est chic ! » s'écrie la blogueuse culinaire Mayalen Zubillaga. On ne verra pas de sitôt la réouverture des triperies, mais leurs produits reviendront à la mode, sous le joli nom de « plats canaille »...

—

1. Alain SCHIFRES, *Les Parisiens*, Paris, JC Lattès, 1990.

LES PARFUMS
DU VIETNAM *

————

Hanoï. Une petite louche de pâte de riz étalée sur une toile posée sur un chaudron d'eau bouillante. Une fois la fine crêpe cuite, la marchande la soulève délicatement avec des baguettes et la recouvre de porc effiloché à peine trempé dans une sauce pimentée, de cacahuètes, d'oignons verts et de coriandre... Sous la garniture, la crêpe aérienne se plisse comme une fleur. On la déguste à l'étage d'un modeste troquet dont le plancher est jonché des serviettes de papier que les clients jettent négligemment par terre. On est ravi, on en redemande. Comment peut-on faire avec trois fois rien un mets aussi exquis?

Nous sommes rue Hang Dieu, au cœur de ce quartier populaire des Trente-six Guildes dont chaque rue est consacrée à un type d'artisanat. Il y a la rue des marchands d'emballage, la rue des marchands de balais, la rue des cordonniers, la rue des vendeurs de bonbons...

——

* Certains passages de ce texte sont tirés de ma chronique «Retour du Vietnam», publiée dans *La Presse*, le 9 mai 2013.

Dans la rue ChaCa, on s'arrête au Cha Ca La Vong, une institution tenue par la même famille depuis un siècle. On grimpe l'escalier, on s'assoit à des tables de bois. Inutile de consulter une carte ou même d'ouvrir la bouche, tous, ici, viennent pour la spécialité maison : une cassolette fumante de poisson grillé mijoté avec des nouilles de riz et des herbes aromatiques. Est-ce bon ? Mieux que bon.

Ô Hanoï la merveilleuse ! C'est la plus vietnamienne des villes du pays, tout comme Pékin est la plus chinoise des villes de Chine. Shanghai et Saigon (maintenant appelée Hô Chi Minh-Ville) ont été bâties par les colonisateurs européens – d'où l'impression de familiarité qu'elles inspirent au visiteur occidental. Pékin, avec ses « hu-tongs », ces quartiers faits de dédales de ruelles (malheureusement en grande partie démolies), et Hanoï, avec ses rues enchevêtrées et ses étroites maisons tout en hauteur, sont le pur produit du génie autochtone.

Pendant que Hô Chi Minh dort d'un sommeil éternel, embaumé dans le gigantesque mausolée qui domine la place centrale de Hanoï, son peuple est retourné à ses pratiques ancestrales, comme si 30 ans de communisme n'avaient laissé de traces que dans les musées. Les Vietnamiens, qui vivent aujourd'hui comme les Chinois dans une économie de marché conjuguée à un régime autoritaire, ont occulté les années héroïques mais destructrices des deux guerres qu'ils ont gagnées au prix de leur sang. Deux guerres sur le mode de David contre Goliath, contre deux grandes puissances, la France et les États-Unis, sans compter les multiples affrontements avec la Chine, l'ancien colonisateur aussi imité que détesté.

Mais ce peuple de héros qui creusaient des tranchées à mains nues à Diên Biên Phu, menait la guérilla dans la jungle en sandales de caoutchouc et s'armait comme des fourmis dans les tunnels impénétrables de Cu Chi, ce peuple donc est bien loin de jouer les martyrs. Contrairement à tant d'autres peuples confits dans la culture du ressentiment, et qui n'en finissent plus d'exiger excuses et réparations, les Vietnamiens, fidèles à la tradition de stoïcisme héritée de Bouddha et de Confucius, ont depuis longtemps tourné la page.

Ils ont retrouvé leur vraie nature, que trois décennies de communisme avaient en vain tenté d'éradiquer. L'esprit d'entreprise a repris ses droits, dans les rues, sur les trottoirs, dans les marchés, sur les rivières, dans les rizières et dans les deltas. La ménagère la plus modeste ouvre son entreprise, fût-ce un simple étal de jus de fruits sur le trottoir. Le plus débutant des guides songe à ouvrir sa propre agence. La propriétaire de notre maison d'hôte, à Hanoï, menait son affaire tambour battant tout en allaitant ses jumelles nouveau-nées, en s'occupant de ses trois autres enfants et en dirigeant les quelques jeunes qui travaillaient à son site Web.

Saigon est un petit Shanghai, une ruche d'ambitions. À Hanoï, les enfants apprennent l'anglais dès l'âge de quatre ans. Il y a 10 ans, tout le monde était à vélo. Aujourd'hui, tout le monde a une moto, et les vélos ne servent plus qu'aux touristes. Demain, tout le monde aura une auto... Ce changement trépidant aura un coût. Bonjour la pollution qui a fait de Pékin une ville à l'air irrespirable !

Le luxe se répand partout, des restaurants chic de Hanoï avec service à la française aux hôtels paradisiaques de la côte baignée par la mer de Chine. À Da Nang, l'aéroport est un monument à la modernité, et ses environs sont envahis par des condos haut de gamme et des clubs de golf (petit pied de nez à l'américanisation du pays, on peut quand même déguster à l'aéroport un savoureux thé au gingembre).

Que sera le Mékong, dans 20 ans ? Pour l'instant, on y trouve toujours ces marchés flottants qui, loin d'être de simples attractions touristiques, sont l'ordinaire de la vie de milliers de pêcheurs, d'agriculteurs et de petits négociants. Des familles entières vivent sur ces barques où l'on vend de tout, des poissons, du riz, des pommes de terre, des fruits issus de la végétation luxuriante du fertile terroir sud-asiatique, pendant que des essaims de minuscules embarcations se fraient un chemin entre les bateaux pour offrir aux marchands qui du thé, qui du bouillon fumant, qui des jus de fruits ou des bouchées frites...

Le Vietnam, dernier venu chez les tigres asiatiques, ne rêve que de prospérité, tout en grignotant du matin au soir au gré de l'appétit de chacun... lequel sera vite comblé par la myriade de marchands ambulants qui sillonnent les rues, ou dans les innombrables troquets qui poussent partout comme des champignons. Dans une ruelle ou sur un bout de trottoir, on installe de minuscules tabourets, un brasero... Et voilà, un nouveau restaurant de rue est né, d'où émanent des odeurs de coriandre, de menthe, de basilic, de gingembre, de piments et de citronnelle, de poisson frit et de nuoc-mam...

À ces odeurs captivantes, qui tout de suite suscitent la faim, se mêle le parfum lourd et capiteux des bâtons d'encens que l'on brûle devant les autels des ancêtres plantés un peu partout. Chaque famille en a un, et on en trouve même dans les petits commerces de rue, bricolés avec des bouts de bois et des fleurs séchées. Les communistes ont tout fait pour éliminer le culte des ancêtres, mais il revit, intact, resurgi des fonds les plus anciens de la culture vietnamienne.

On pourrait croire que la cuisine vietnamienne n'est qu'une variante de la cuisine chinoise. Erreur. Elle est certainement moins variée, mais elle a ses spécificités. Moins épicée que la cuisine thaïlandaise, elle est moins huileuse que la cuisine chinoise, et est axée sur des nouilles de riz beaucoup plus légères que les pâtes à base de blé. Plutôt que des sauces épaissies à la cuisson, l'alimentation vietnamienne favorise les sauces de trempage, comme celle qui donne leur saveur aux rouleaux de printemps : 100 ml d'eau pour 50 ml de nuoc-mam, citron vert, sucre, piment, carottes râpées et arachides pilées. Les herbes et les fèves de soja sont souvent présentées nature, on les ajoute aux plats selon ses goûts.

Le bouillon au bœuf ou au poulet – le fameux *pho* – ne serait qu'un vulgaire bouillon s'il n'avait longtemps mijoté dans un mélange complexe d'épices relevées d'un peu de l'omniprésent nuoc-mam : gingembre, cannelle, cardamome, anis étoilé...

Au jour le jour, on se nourrit de plats simples, de *pho* et d'un légume vert qui revient sur toutes les tables, le liseron d'eau, qui ressemble aux épinards. Mais que survienne une fête, et le repas prend une allure de banquet. C'est en mangeant en famille et entre voisins que l'on célèbre le Têt, le Nouvel An vietnamien, les mariages, les naissances, les funérailles et les commémorations des ancêtres.

On ne s'étonnera donc pas que le Vietnam soit la destination préférée d'un gastronome comme Philippe Mollé, chroniqueur au *Devoir*. La cuisine vietnamienne, outre sa légèreté caractéristique, est l'une des plus parfumées au monde parce qu'elle fait un usage judicieux des épices et des herbes, avec un sens de la mesure que l'on ne trouve pas ailleurs, ni en Thaïlande ni dans certaines régions de la Chine, où le piment est souvent ajouté à doses massives, altérant le goût de l'aliment de base.

Le Vietnam, grâce à son fertile terroir qui va du nord montagneux au sud tropical, possède aussi un vaste répertoire de fruits et légumes dont la variété est étourdissante. Dans ce pays baigné par deux grands fleuves, le Mékong et le fleuve Rouge, et où la mer n'est jamais très loin, les meilleurs plats sont à base de fruits de mer et de poissons. C'est d'ailleurs pourquoi les grands marchés populaires comme celui de Cholon, à Saigon, ou ceux qui bordent le Mékong, sont à visiter au même titre que les musées.

Le sens de la mesure propre à la cuisine vietnamienne serait-il dû à l'influence de la France, qui a colonisé l'Indochine pendant un siècle? C'est fort douteux. L'influence prédominante qui s'est exercée sur le Vietnam est celle de la Chine, qui l'a dominé pendant un millénaire, jusqu'au Xe siècle. Ce qui reste de la France au Vietnam est plutôt mince, à l'exception de l'alphabet romain introduit par des missionnaires au XVIIe siècle. Chez les jeunes, la langue française a disparu au profit de l'anglais. Curieusement, le plus important héritage de la colonisation française est le pain. On y trouve partout des baguettes cuites à la française, même si le riz est le féculent de rigueur.

Nous nous attendions à ce que le café de type européen fasse partie de l'alimentation courante. Erreur. Ce qu'on appelle «café» au Vietnam est tout autre chose – une boisson forte et amère obtenue par filtrage, que l'on déguste avec du lait condensé. Ce n'est que dans les grands hôtels qu'un «caféinomane» peut retrouver son expresso.

Les références à la cuisine surviennent à chaque page dans la littérature vietnamienne. La grande romancière Duong Thu Huong, aujourd'hui exilée en France (d'abord profondément engagée dans la lutte contre le colonisateur français, elle a ensuite rompu avec le régime communiste), a gardé en mémoire tous les plats qui ont nourri son enfance et sa vie de jeune femme.

Ses romans sont tous à lire, car outre qu'il s'agit d'excellentes œuvres littéraires et politiques, ils décrivent le Vietnam mieux que n'importe quel guide touristique ou ouvrage historique. Chacune de ses histoires – toutes bouleversantes – s'accompagne de descriptions gourmandes extrêmement détaillées, illustrant à quel point les mets – que ce soit une mangue mûrie à point ou un repas de fête – sont au cœur de la culture du pays.

Mes préférés : *Les paradis aveugles* (sur la tragédie que fut la réforme agraire), *Roman sans titre* (sur l'époque de la guérilla), *Au zénith* (sur la fin imaginée de l'oncle Ho) et surtout *Terre des oublis* (un récit déchirant qui illustre l'importance primordiale de la famille et du culte des ancêtres dans la culture vietnamienne).

C'est encore la nourriture qui a donné son titre au roman d'Anna Moï, *Riz noir*, qui se déroule en partie au bagne de Poulo Condor. Mais avant le malheur, il y a le Têt et le plaisir de la dégustation : carpes frites, gâteaux de riz gluant, légumes confits, tamarins et kumquats...

Il faut lire aussi *Un barrage contre le Pacifique*, le premier roman de Marguerite Duras, écrit en 1950, avant qu'elle succombe aux maniérismes de la nouvelle vague. Dans l'état de pauvreté où végète cette famille de colons français transplantés au bord du Mékong (des personnages modelés sur sa propre famille), il n'est pas question de gastronomie, mais la nourriture évoque de façon saisissante le dénuement et l'isolement – ces dîners répétitifs faits d'échassiers rapportés des eaux boueuses, comme un cauchemar alimentaire...

Le dernier roman de la Québécoise Kim Thúy se déroule lui aussi sur une trame gastronomique. L'évocation de plats et d'aliments occupe une très grande place dans cet émouvant récit, du riz en feuilles de bananiers au cochonnet laqué, en passant par le *ché trois couleurs*, le gâteau au manioc, les crevettes caramélisées dans leurs œufs, les vivaneaux aux dix condiments ou le poulet aux graines de lotus et aux noix de gingko... L'auteure a puisé dans sa vie antérieure, elle qui a été restauratrice, mais surtout dans sa culture d'origine où la nourriture occupe une place si centrale.

LA REINE JULIA *

———

La cuisinière la plus époustouflante que j'aie connue est Myrna Gopnik, linguiste chevronnée de McGill et mère de six enfants (quand on parle de *superwoman*...). En digne héritier de sa mère, son fils aîné Adam, écrivain à succès et journaliste au *New Yorker*, régale depuis des années ses lecteurs de réflexions mi-philosophiques, mi-gourmandes sur la cuisine.

Myrna faisait de la nouvelle cuisine avant que le mot fût inventé. Elle possédait les techniques traditionnelles françaises sur le bout de ses doigts – ses pâtisseries étaient d'exquis montages de saveurs et de couleurs –, mais elle préférait innover.

Avec l'indéfectible soutien de son mari Irwin, lui aussi professeur à McGill, elle créait des potages délicieux à base de crème de pétoncles, elle avait inventé le coulis de poivrons des années avant que cela devienne à la mode, elle réalisait des associations surprenantes

———

* Certains passages de ce texte sont tirés de ma chronique «Des bougies pour Julia», publiée dans *La Presse* le 10 août 2002.

et savoureuses comme ses galettes de légumes parfumées au gingembre confit (une version sophistiquée des *potato latkes* de son enfance), elle désossait ses cailles pour les farcir de poires, préparait son propre gravlax, pilait les carapaces de homard pour en extraire le jus, avait redécouvert avant tout le monde à Montréal les légumes oubliés comme le panais, et c'était en plus la reine des soufflés... qu'elle préparait aussi machinalement que s'il s'agissait de réchauffer une soupe en boîte.

Avec six enfants et sans héritage, leur budget était forcément limité, mais chez eux on mangeait comme des rois, car Myrna faisait tout, ses pains comme ses glaces et ses sorbets.

Je ne suis pas, quant à moi, une innovatrice. Contrairement à Myrna qui brisait tous les codes, je me risque rarement à faire des associations spontanées et intuitives.

Je me rabats le plus souvent sur des recettes éprouvées ou je reprends des idées de recettes glanées dans les nombreux restaurants que j'ai fréquentés. Mais j'adore me plonger dans des livres de recettes compliquées, c'est l'une de mes sources de détente quand je sors d'une journée de travail. Peu importe que je ne passe jamais à l'acte, le plaisir de lire et d'imaginer me suffit.

Je ne suis pas, comme mon amie Nicole, une experte capable de reproduire les plus grands plats des répertoires gastronomiques français et italien. En cette matière, on ne peut se contenter de suivre les recettes, il faut avoir les techniques requises, ce qui demande une détermination et un savoir-faire exceptionnels. Les sauces de Nicole sont élaborées à partir d'os de viande et savamment réduites, et Marcel Proust en oublierait ses souvenirs d'enfance s'il goûtait à ses madeleines.

Je n'ai pas l'assurance de mon amie Louise, qui peut mettre la dernière touche à une sauce complexe tout en bavardant, dans sa cuisine ouverte, avec ses invités, aussi détendue que si elle était en train de trancher une baguette.

Je n'ai pas le sang-froid de mon ami Normand, qui peut préparer un dîner de roi pour six personnes en revenant du bureau.

Je ne suis pas non plus, comme mon amie Cécile, une cuisinière naturelle, dont la touche, ferme et légère à la fois, est un mystère. Comment peut-on obtenir un canard parfait, à la peau aussi croustillante et à la chair aussi tendre? Comment peut-on faire des plats les plus simples – une fricassée de champignons, une garniture de fenouil – de purs délices? Inutile de lui emprunter ses recettes et ses techniques, il me manquera toujours le tour de main.

Chaque cuisinier a son propre rapport intime avec la cuisine. Les uns s'enferment dans leur «laboratoire», veillant jalousement au secret de l'alchimie. À ceux-là, inutile de demander: «Est-ce que je peux t'aider?» La porte de leur cuisine restera fermée à tout autre qu'à de rares élus (conjoint ou invité particulièrement compétent) et ne se rouvrira qu'à la présentation du plat parfait. D'autres, préférant la convivialité au perfectionnisme, ne s'offusquent pas de voir les copains envahir la cuisine et mettre la main à la pâte. Personnellement je conjugue les deux attitudes. Comme je suis distraite, je préfère être seule quand je cuisine pour ne pas perdre ma concentration, mais j'essaie de passer le plus de temps possible avec mes invités, quitte à apporter dans la salle à manger le minuteur qui m'avertira que telle cuisson est terminée. Cette stratégie brouillonne n'est pas toujours, dois-je avouer, un gage d'excellence culinaire.

Injustice suprême, ce ne sont pas nécessairement ceux qui font le mieux la cuisine qui sont le plus souvent invités chez les autres. Pour certains, la cuisine est un sport de compétition, et ceux-là se refuseront à inviter en retour l'ami qui les a si bien reçus parce qu'ils seront incapables de rivaliser avec lui... Une attitude déplorable, qui trahit un manque de confiance en soi ou un ego bien fragile, et qui ne devrait pas avoir sa place dans les dîners entre amis. Et si l'autre cuisine mieux que moi, quelle importance? Mes amis cordons-bleus ne s'attendent jamais à ce que l'on passe autant de temps qu'eux dans la cuisine, et ils sont parfaitement heureux de s'attabler autour d'un repas banal si l'ambiance est sympathique.

J'ai appris, avec le temps et l'entraînement, à faire la cuisine convenablement, mais, justement parce que je manquais d'assurance, mes débuts, dans ma cuisine de jeune mariée, ont été imprégnés de doutes, d'essais et d'erreurs. Mon ex-mari de cette lointaine époque ayant 13 ans de plus que moi, la plupart de nos amies «de couple» étaient des cuisinières expérimentées que j'essayais en vain d'émuler, quitte à me lancer dans des préparations qui me dégoûtaient, comme la cervelle au beurre noir ou la langue de veau en sauce. (Les plats étaient bons, paraît-il, mais je n'en prenais pas une seule bouchée, contrairement à la règle d'or qui veut que l'on goûte au fur et à mesure à ce que l'on fait cuire.)

Mon ex-mari, pourtant, n'exigeait rien du genre. Tout gourmet qu'il fût (il avait été élevé dans le terroir gastronomique de la Bourgogne), il se serait contenté de plats plus ordinaires et aurait volontiers mis la main à la pâte. Mais j'avais ce sentiment irrépressible qu'une femme complète doit être une bonne cuisinière.

Avant de recevoir des amis, je potassais longuement des livres de recettes, mais il me manquait la base, ce qu'on apprend en général dans sa famille : comment faire dorer la viande avant de la mettre au feu, comment faire une pâte à tarte, une béchamel sans grumeaux, des légumes verts qui gardent leur couleur, comment déglacer une poêle, comment épaissir une sauce par réduction sans avoir recours à la farine ou à l'*arrow-root*, comment harmoniser les temps de cuisson, comment déceler juste à l'odeur qu'un plat est prêt, comment mariner les viandes pour en rehausser le goût...

Ma mère était incollable en littérature française, mais la cuisine n'était pas sa tasse de thé, et la jeune femme que j'étais ignorait les règles élémentaires qui permettent de jauger une recette d'un coup d'œil et d'en connaître instinctivement les étapes, même si elles ne sont pas détaillées.

C'était bien avant que Google vous ouvre d'un seul clic une myriade de réponses aux questions les plus pointues. On n'avait que les livres... Or, les recettes de Jehane Benoît étaient trop simplistes, et celles que proposaient les auteurs franco-français, trop compliquées ou mal expliquées.

À l'époque, les rares chefs qui daignaient s'adresser au grand public distribuaient au compte-gouttes des indications sommaires, comme s'ils étaient jaloux de leur savoir, ou alors, à l'autre extrême, ils se répandaient en verbiage inutile.

Finalement, après des années de tâtonnements, j'ai trouvé une mère adoptive : la reine Julia.

Preuve que le beurre et la crème ne tuent pas : Julia Child est décédée le 13 août 2004, à l'âge vénérable de 92 ans. Ce nom ne vous dit rien ? Cela n'a rien d'étonnant. Ce n'est que très tardivement qu'elle a gagné dans le monde francophone la reconnaissance qu'elle méritait. Mais toute personne aimant faire la cuisine devrait avoir dans sa bibliothèque au moins le premier tome de son grand classique (malheureusement jamais traduit en français), *Mastering the Art of French Cooking*, écrit en collaboration avec Louisette Bertholle et Simone Beck.

Le mien, depuis la trentaine d'années que je m'en sers, est en lambeaux. La reliure est déchirée, les pages écornées et tachées, mais je ne m'en séparerai jamais.

Par une extraordinaire ironie de l'histoire, c'est donc une Américaine qui aura publié les meilleurs livres de recettes de la cuisine française traditionnelle.

Encore aujourd'hui, quand les grands chefs français condescendent à partager leur savoir-faire, ils nous livrent soit des recettes hyperfaciles et sans intérêt, ou alors des recettes d'une exigence telle que seuls d'autres grands chefs peuvent les reproduire (mon amie Nicole, par exemple).

Il y a des exceptions, entre autres Jacques Pépin (qui travaille aux États-Unis) et Joël Robuchon, qui écrit souvent en collaboration avec Patricia Wells... une autre Américaine, ce qui n'est pas un hasard, les États-Unis étant passés maîtres dans l'art de démocratiser la culture.

Julia Child, c'est la précision, la clarté et l'accessibilité, en même temps que l'absolue fidélité aux grands principes de la cuisine française classique. Contrairement à toutes ces briques brillamment illustrées dont le principal mérite est de garnir les tables des salons, ses livres se présentent sans photo, les seules illustrations étant d'ordre technique.

Ses recettes sont loin d'être simples, mais il est impossible de les rater. Elle vous prend par la main et ne vous lâche pas. Elle consacre trois pages et demie à la mayonnaise, six pages à la sauce hollandaise, dix pages à l'omelette.

Vous faites une crème pâtissière ? Elle vous rassure : quand la sauce arrivera au point d'ébullition, des grumeaux se formeront, mais ils se dissoudront à mesure que vous continuerez à brasser. Elle prévient vos questions : pourquoi du sucre dans le navarin d'agneau ? Parce que le caramel donne une couleur ambrée à la sauce. Elle vous indique toujours, détail précieux pour les gens qui reçoivent, jusqu'à quelle étape vous pouvez préparer un plat à l'avance.

Avec le temps, certaines de ses recettes ont perdu de leur utilité ou de leur originalité. Le marché nord-américain regorge aujourd'hui de produits fins ; inutile, donc, de faire soi-même ses terrines et ses pâtés, et de s'essayer à la pâte feuilletée... que l'on peut acheter surgelée dans les bonnes boulangeries. En outre, tout le monde a pillé ses bouquins (j'ai trouvé, mot à mot, sa recette de pâte brisée dans un livre de recettes québécois). Mais lors de leurs premières publications, au début des années 60, les ouvrages de Julia Child étaient révolutionnaires, car c'était la première fois que l'on démystifiait la cuisine française à l'intention du grand public.

Les Français eux-mêmes auraient eu intérêt à acheter les bouquins de Julia Child. Mais les éditeurs français ont toujours refusé de la traduire. Hé ! on n'allait pas laisser une étrangère, américaine de surcroît, enseigner la cuisine française aux Français !

Pendant ce temps, aux États-Unis et dans le reste du monde anglophone, Julia Child allait transformer les mœurs culinaires de la classe moyenne. C'est grâce à elle que l'amour de la cuisine française s'est répandu comme une traînée de poudre dans un monde où la dinde du Thanksgiving et la tarte au citron meringuée constituaient le summum de la gastronomie.

C'est elle qui est la grand-mère de cette pléthore de bons restaurants qui parsèment aujourd'hui l'Amérique – des restaurants qui innovent, certes, mais dont les chefs ont été formés aux principes de base de la cuisine française.

Les goûts ont évolué. Avec les années, je me suis éloignée de Julia, en délaissant, comme tout le monde, le beurre pour l'huile d'olive, et les sauces à la crème pour les jus légers. Je ne fais plus sa mousse de foies de volaille (deux tiers de tasse de beurre et un quart de tasse de crème pour deux tasses de foies!). Je fais plus souvent des légumes grillés à l'italienne que des gratins dauphinois ou des carottes «à la concierge» (sauce veloutée enrichie de jaunes d'œuf et de crème). Il y a au moins 30 ans que je n'ai pas fait une soupe à l'oignon, et je n'ai pas le courage de me lancer dans la préparation du filet de bœuf braisé au foie gras ou des quenelles de poisson sauce nantua.

Comme tout le monde, j'ai envie de fantaisie et d'exotisme, et la cuisine française classique ne suffit plus à mon bonheur. Ah! mais si je veux faire un soufflé au fromage pas trop fragile, une blanquette de veau parfaite, un navarin d'agneau, une crème caramel ou des crêpes Suzette, c'est vers Julia Child que je me tourne... et aussi vers cette fidèle compagne qu'est devenue Patricia Wells. Ses livres, plus attrayants que les austères traités de Julia, sont une mine de bonnes recettes très bien expliquées, de son poulet au vinaigre à son confit de marrons et de fenouil.

On ne peut limiter la cuisine à un éventail de recettes. L'élément primordial est la qualité des ingrédients, sans oublier ce détail capital: les coupes doivent être appropriées au plat que l'on veut préparer.

Un boucher d'Outremont m'a déjà dit que beaucoup de ses clients réclamaient du filet ou de la longe de veau pour faire une blanquette ou un sauté de veau. Ils s'imaginaient que le plat serait meilleur avec des morceaux plus chers. Erreur. C'est avec de bas morceaux plus gras et moins coûteux (épaule, échine et tendrons) que l'on fait de la bonne blanquette. Pour les mêmes raisons, on ne fait pas une daube ou un pot-au-feu avec du filet de bœuf. Je suis convaincue que le fameux «gigot de sept heures» serait encore meilleur si on le faisait à partir de l'épaule d'agneau plutôt que du gigot.

Pour s'assurer de la qualité des ingrédients, il faut faire confiance à son boucher et à son poissonnier. C'est le pire des clichés, mais c'est parfaitement vrai. Un bon poissonnier vous dira de quand datent ses arrivages, ce qui vous permettra de choisir les poissons les plus frais. Et qu'y a-t-il de plus agréable que de converser avec un boucher qui connaît ses produits et aime son métier, et qui peut en plus vous prodiguer de bons conseils sur les temps de cuisson? Les poissonniers et les bouchers ne sont-ils pas des artisans au même titre que les cuisiniers?

Il va de soi qu'un produit acheté dans un bon établissement va coûter plus cher. Mais quel que soit son budget, pourquoi ne pas privilégier la qualité plutôt que la quantité? On n'est pas obligé de manger de la viande tous les jours ni de servir de grosses portions. Le contraire serait non seulement plus économique, mais meilleur pour la santé, d'autant plus qu'il existe une infinie variété de succédanés à prix modique – légumes au gratin, pâtes ou légumineuses – qui font d'excellents plats de résistance.

On a moins besoin de conseils pour choisir les fruits et les légumes, dont on peut facilement jauger la qualité à l'œil et au toucher... exception faite des avocats, dont on ne sait jamais ce qu'on va y trouver avant de les ouvrir : une belle chair verte ou des fibres brunâtres? Ce en quoi, d'ailleurs, ces fruits se comparent fort bien aux avocats à deux pattes, dont on ne sait jamais ce qu'ils vous réservent.

Il reste qu'on a toujours un intérêt, gustatif sinon pécuniaire, à s'approvisionner chez un bon petit commerçant, qui aura acheté ses fruits et légumes chez des producteurs de qualité.

Les supermarchés ne sont pas à dédaigner pour autant. Ces dernières années, stimulés par l'expansion de la culture gastronomique et par des consommateurs mieux informés et plus exigeants, ils se sont améliorés de façon exponentielle.

Chez IGA ou chez Metro, on trouve des produits que l'on n'achetait auparavant que dans les épiceries fines, et l'on mise sur la fraîcheur et la variété. J'achète parfois sans état d'âme les crevettes et les pétoncles offerts dans les comptoirs de congélation de mon Metro, sachant que ces mêmes fruits de mer sont souvent vendus décongelés dans les poissonneries spécialisées et qu'ils nous dépanneront un soir où le frigo est vide.

Une amie qui se partage entre la France et le Québec me disait sa surprise de constater qu'à Montréal elle pouvait trouver dans n'importe quel supermarché une plus grande variété de produits qu'en France. Qui dit variété ne dit pas nécessairement qualité, mais c'est vrai : nos supermarchés offrent beaucoup plus de produits exotiques que leurs équivalents français. Trouver du gingembre, de la coriandre fraîche, des mangues ou de la pâte de curry en France n'est pas toujours évident. La tradition culinaire française est si vaste qu'en un sens elle se suffit à elle-même...

DEUX VISITES
CHEZ EL BULLI

———

Mon mari et moi déclenchons toujours beaucoup d'envie, quand ce n'est pas de l'incrédulité pure et simple, lorsque nous disons à nos amis gastronomes que nous sommes allées deux fois chez El Bulli... et ce, sans effort aucun, et à la date qui nous convenait, alors que les *foodies* du monde entier ont déployé pendant des années des efforts héroïques pour obtenir une table dans ce célébrissime établissement.

Pour nous, cela n'a rien eu d'un exploit. Tout simplement, nous y sommes allés au début des années 90, avant qu'El Bulli devienne très connu. C'est un article de Patricia Wells dans l'*International Herald Tribune* qui nous avait mis sur la piste (son ami Joël Robuchon a été l'un des premiers *fans* de Ferran Adrià) et, comme nous passions l'été dans le Languedoc, à 1 h 30 de la frontière espagnole, nous avons réservé un hôtel à Roses et deux couverts chez El Bulli.

Deux ans plus tard, nous y sommes retournés avec des amis parisiens. C'était un peu plus difficile d'avoir une table, mais encore possible. C'est peu après que le feu a pris et que les gourmets et les curieux de la planète ont commencé à faire des pieds et des mains pour avoir une table chez El Bulli. On n'avait plus le choix des dates, et certains faisaient le voyage expressément pour manger là! Il y a même eu des entrepreneurs qui, contre argent sonnant, se chargeaient des démarches pour vous réserver une table!

Je regrette de ne pas avoir conservé les menus. Je me souviens tout de même de quelques plats surprenants, qui avaient tous, cependant, un lien avec la cuisine méditerranéenne. Les saveurs de la traditionnelle soupe aux amandes étaient reconstituées sous forme de gelée et d'amandes entières. Déconstruit, également, le couscous où de minuscules grains de chou-fleur remplaçaient la semoule (cette idée a été, depuis, reprise par nombre de chefs). Parmi les nombreux desserts, il s'en trouvait un où le chocolat était associé à l'ail.

La deuxième fois, nous avions dégusté à l'apéro d'amusantes reconstitutions de *junk food* typiquement américaines – popcorn, suçettes, barbe à papa (salée), de même que de minuscules perles de melon présentées dans une boîte de caviar de saumon. Il y avait une épice sur un support alimentaire qui déclenchait dans la bouche une petite pulsion électrique, des spaghettis de parmesan, des mini-ballons de plastique gonflés à la vapeur de légumes (on les crevait avec un instrument spécial pour en aspirer le contenu)...

Adrià avait conçu des ustensiles originaux, comme des seringues pour boire ses jus déconcertants. Il servait beaucoup de mets en verrines et dans des cuillers: cette mode s'est répandue partout, mais à l'époque c'était une nouveauté.

Mes pauvres mots et ma mémoire défaillante ne rendent pas justice à nos deux repas chez El Bulli. Chaque plat était un régal pour les yeux et une source inépuisable d'étonnement – et il y en avait une quarantaine en succession en incluant les amuse-bouche, le tout en portions minuscules sur le modèle des tapas.

Les salles en enfilade étaient charmantes et dégageaient une atmosphère intime sous des lampadaires rouges, dans un décor d'auberge espagnole rustique. Le service était impeccable et... implacable, car les garçons, très directifs, nous indiquaient comment manger certains mets; ainsi, ceux dont une composante était passée par la congélation, comme les cromesquis, devaient être pris en une seule bouchée, sous peine de s'asperger de jus ; dans les assiettes composées, il y avait un ordre à suivre impérativement dans la dégustation.

En fait, tout n'était pas totalement nouveau dans cette cuisine d'avant-garde. J'avais déjà savouré, des années auparavant, les fameux cromesquis de Marc Meneau, à Vézelay : le mélange de foie gras, de crème et de porto avait été solidifié par l'addition de gélatine et surgelé, avant d'être roulé dans la chapelure et frit. Résultat : le jus divin giclait dans la bouche au premier coup de dents... (À Montréal, le Pied de Cochon a repris la recette.)

Après le repas, on pouvait visiter la cuisine d'El Bulli – un immense laboratoire rutilant, où évoluait avec une précision maniaque, dans un ordre dont les moindres détails avaient été réglés comme un ballet complexe, une brigade de très beaux jeunes gens en noir et blanc. Les prix, en outre, étaient extrêmement abordables. N'eût été la route de montagne tortueuse et cahoteuse qu'il fallait reprendre au retour, une fois la nuit tombée, l'expérience aurait été paradisiaque. À l'aller cependant, cette bonne heure de conduite vers la crique Montjoi, sur la Costa Brava, à travers la garrigue parfumée de thym, d'eucalyptus et de romarin où s'attardaient les derniers rayons du soleil, constituait un prélude merveilleux à la soirée.

Aujourd'hui, les créations d'Adrià et quelques-unes de ses techniques se retrouvent sur toutes les tables. Il y a même une chaire de gastronomie moléculaire à l'Université d'Orsay, en France, où des étudiants ont mis au point une vinaigrette gélifiée, que l'on découpe en tranches pour l'intercaler dans une salade de tomates et de mozzarella. Certains prédisent qu'il y aura un jour des chefs diplômés en chimie !

L'écume (l'espuma !) qui remplace la sauce, les assemblages originaux voire choquants, les mets en trompe-l'œil, les émulsifiants et les gélifiants, tout cela n'a plus rien d'original aujourd'hui, mais il y a 20 ans, la cuisine moléculaire, fondée sur la déconstruction de plats traditionnels et leur reconstruction par des techniques chimiques, était une extraordinaire nouveauté.

Ai-je aimé mes deux repas chez El Bulli? Aimer n'est pas le verbe qui convient. J'ai été éblouie, surprise, ravie. Les deux fois, nous avons passé la soirée à commenter les plats que nous dégustions, à l'exclusion de tout autre sujet de conversation, tant l'expérience était excitante et déroutante. Une expérience, à vrai dire, plus intellectuelle que sensuelle, quoique tout eût été délicieux. Mais ce n'était pas le genre de restaurant où l'on veut retourner dans l'année.

Pour son caviar de pommes, Adrià utilise des seringues, de l'acide citrique, du chlorure de calcium et de l'alginate, un sous-produit des algues brunes. Pour ses rondelles de mangues aux raviolis caramélisés, il utilise du citrate de sodium, du chlorure de calcium et de l'isomalt. Déshydratation, lyophilisation, sphérification des aliments transformés en bulles chargées de saveurs qui exploseront sous la dent...

De sa cuisine-laboratoire, Adrià sort une boule de fromage glacé, de même qu'une version de l'œuf millénaire chinois, le jaune resté cru au sein d'un blanc parfumé à la truffe. Mais bon, voulez-vous vraiment faire des olives sphérifiées, des caramels à l'huile de pépins de courge, de la fondue de foie de lotte au ponzu ou de la pêche liquide? Intéressant et novateur, mais... pas dans ma cuisine!

Adrià a suscité l'ire de nombre de ses collègues, dont plusieurs l'ont accusé d'être le cheval de Troie de l'industrie chimique. On connaît, certes, le rapport intime entre la cuisine et la chimie, mais pourquoi manger des produits de laboratoire plutôt que ceux de la terre et de la mer? Sans compter les intoxications alimentaires entraînées par ces extravagances: un étage de l'hôpital de Roses était baptisé l'«aile El Bulli», et pas moins de 500 clients ont été empoisonnés après avoir mangé au Fat Duck de Londres, un autre émule de la cuisine moléculaire. Ces polémiques n'ont pas nui au succès phénoménal d'El Bulli, qui recevait chaque année plus de deux millions de demandes de réservation pour 8000 couverts. El Bulli n'ouvrait alors que six mois, le reste de l'année étant consacré à la recherche qu'Adrià poursuivait avec dix jeunes chefs dans son atelier barcelonais.

Le mythique temple de la cuisine d'avant-garde est maintenant fermé, Ferran Adrià, en quelque sorte épuisé par le succès, ayant d'autres projets...

Ce n'est pas un hasard si le renouveau gastronomique espagnol s'est incarné en Catalogne, de même d'ailleurs qu'au Pays basque, qui est, malgré le terrorisme stérile des séparatistes de l'ETA, l'autre grande région dynamique de l'Espagne... comme si ces deux minorités nationales prenaient une revanche tardive sur le franquisme dont elles ont tant souffert.

La cuisine catalane s'est épanouie entre la mer et la montagne et aussi, faut-il dire, au contact de la France dont elle est très proche voisine. Bien avant qu'Adrià en fasse la Mecque des gourmets, les restaurants barcelonais, des plus humbles tavernes aux tables cotées en passant par les bars à tapas, servaient une cuisine goûteuse faite de produits de saison qui contrastait avec la cuisine trop huileuse des provinces du sud.

Je me souviens, entre autres, d'un troquet, dans la jolie ville de Vic, où nous nous étions arrêtés par hasard. Comme notre espagnol était sommaire et notre catalan nul, nous avons commandé à l'aveuglette, en regardant ce que les autres mangeaient. Tout était délicieux, surtout les poulpes cuits en suquet, une sauce traditionnelle faite de poivrons et d'amandes pilées. Et nous sommes plus d'une fois retournés dans cette auberge située près de la «frontière» française, mais où, tout de suite, on se sent en Espagne, à mille lieues de la France : les calmars frits, les fricassées de champignons sauvages, le jambon ibérique, les grillades d'agneau de lait ou de chevreau de lait introuvables partout ailleurs, le tout arrosé des vins simples, mais bons, de la région...

L'Espagne a une particularité : ses *paradors*. Ce sont des hôtels d'État datant de l'époque de Franco, fondés pour offrir aux classes populaires la possibilité de voyager à bon compte (tout comme le fascisme de Mussolini, le franquisme avait au départ des velléités socialistes). Tous les *paradors* sont magnifiques : ayant vue sur d'admirables paysages, la plupart ont été aménagés dans le décor fabuleux d'anciens monastères ou châteaux, et les chambres s'y louent à prix d'aubaine. Il y en a un particulièrement somptueux à Grenade, dans un ancien monastère franciscain à deux pas de l'Alhambra.

Paradoxalement, la restauration, dans les *paradors*, est abominable : salles lugubres, mauvais service, cuisine de réfectoire… Bref, une restauration de fonctionnaire qui rappelle, en moins odieux tout de même, la terrible dégradation qu'avait subie la cuisine chinoise dans les restaurants d'État de Mao.

Le Portugal a un système semblable, hérité celui-là du régime frère de Salazar. Or, ses *pousadas* sont comme les *paradors* : décor fabuleux et restauration infecte – le comble, car partout au Portugal la cuisine est succulente. Ce qui prouve que l'État peut, à la rigueur, entretenir de grosses institutions hôtelières dans le cadre d'un tourisme de masse, mais est incapable de gérer adéquatement les structures plus délicates que sont les restaurants, pas plus d'ailleurs qu'il ne pourrait gérer des hôtels-boutiques, qui, tout comme les restaurants, requièrent la présence d'un propriétaire motivé et qualifié.

En 2013, nous souvenant de nos décoiffantes visites chez El Bulli, nous avons voulu boucler la boucle en allant au El Celler de Can Roca, à Girona, à 100 kilomètres au nord de Barcelone, non loin du village français où nous devions passer nos vacances estivales. L'établissement venait d'être gratifié du titre inénarrable de « meilleur restaurant au monde » sur la liste San Pellegrino. Mon mari, en réservant six mois d'avance, avait pu obtenir une table à la date de mon anniversaire.

Était-ce parce que le choc de la nouveauté s'était émoussé ? La magie n'était plus au rendez-vous. Bien sûr, tout était délicieux et techniquement très raffiné, notamment ce rouget fondant savamment dépouillé de ses arêtes et cuit à basse température. Mais il y avait quelque chose d'un peu agaçant dans ces constructions tarabiscotées, dans cette recherche obsessionnelle d'originalité qui, après Adrià et ses innombrables imitateurs sur la planète, faisait figure de déjà-vu. Un assortiment de hors-d'œuvre intitulé *Le Monde* contenait des sphères enfermant des concentrés de saveurs, du safran au miso en passant par un jus de ceviche. Ensuite vinrent les bonbons de champignon et les olives aux anchois caramélisées suspendues comme des fruits à un bonsaï...

Se succédèrent 14 petits plats pour un prix étonnamment bas, compte tenu de la qualité et du renom du restaurant. Nos desserts n'avaient rien de mémorable, mais Adam Gopnik, dans *The Table Comes First*[1], en décrit un qui est particulièrement songé pour ne pas dire alambiqué : une savante construction de meringue et de chocolat qui reproduit le but gagnant de l'étoile du club de soccer de Girona, avec odeur de gazon frais coupé, un filet en chocolat blanc, un ballon qu'un mécanisme propulsera dans le filet, avec en prime une micro-chaîne stéréo intégrée au dessert qui diffuse les cris de joie de la foule... Trop fort, mais est-ce encore de la cuisine ?

La prochaine fois que nous irons à Girona, ce sera chez la mère des frères Roca que nous dînerons. Elle et son mari, eux-mêmes enfants de restaurateurs, tiennent un bistrot qui ne fera jamais la liste San Pellegrino, mais qui passe pour la meilleure table traditionnelle de Girona.

Mme Roca nourrit deux fois par jour tout le personnel du restaurant de ses célèbres rejetons. Un reporter lui a demandé de comparer El Celler et son propre établissement. «Ce sont deux univers complètement différents. Chez nous, on est trois dans la cuisine, pour nourrir 150 personnes. Chez eux, ils sont 50 dans la cuisine pour nourrir 70 personnes. Leur restaurant est un endroit où les gens vont une fois par année, mais chez nous on peut venir manger une fois par jour!»

Madrid n'allait pas laisser aux Catalans, dont les velléités indépendantistes dérangent, le monopole de l'innovation. C'est à Madrid que se déroule la plus sélecte des fêtes gastronomiques internationales, la Madrid Fusion, désormais aussi cotée que le Salon du meuble de Milan ou la Semaine de la mode à Paris. Toutes les stars de la cuisine s'y retrouvent, de Michel Bras à Juan Mari Arzak.

Comme dans ces colloques de chercheurs universitaires où le profane est complètement perdu, de savantes tables rondes s'y succèdent, où l'on discute de ravioli liquide, de décontextualisation ou de la rhéologie des champignons, tout en s'interrogeant gravement sur la « cinquième saveur » que représenterait le Coca-Cola...

Reste, pour le voyageur et aussi pour les Espagnols eux-mêmes, le problème de l'horaire. En Espagne, on va travailler à 8 heures, on prend une collation au milieu de l'avant-midi, on déjeune de 14 heures à 16 heures, et la journée de travail se prolonge jusqu'à 20 heures, après quoi, affamé, on se précipite dans un bar à tapas… et ce n'est qu'à 22 heures que l'on s'assoit pour le repas du soir. Seuls les restaurants fréquentés par les touristes observent des horaires plus ou moins « normaux ».

J'avais longtemps attribué cette exception culturelle à la chaleur du climat qui appelle une sieste l'après-midi, mais c'est une mauvaise explication : aucun pays méditerranéen ne suit ce genre d'horaire, d'autant plus que la sieste devrait correspondre au moment où le soleil est au zénith, soit vers 14 heures.

C'est dans *Le Monde* que j'ai fini par apprendre que l'heure espagnole est une invention assez récente, datant de Franco. Ce dernier avait réglé les horloges du pays sur l'Allemagne nazie, malgré les différences de longitude ! « Après la guerre, explique la correspondante Sandrine Morel, au lieu de synchroniser ses montres sur le Portugal ou le Royaume-Uni, situés sur le même fuseau horaire, l'Espagne est restée calée sur l'Allemagne et la France. »

L'heure espagnole trouve aussi son origine dans la pauvreté qui a suivi la guerre civile : de nombreux Espagnols cumulaient deux emplois, l'un de 7 heures à 14 heures, le second commençant à 16 heures, une pratique aujourd'hui abandonnée.

Une commission parlementaire vient de recommander l'élimination de cette anomalie, qui prive les Espagnols de sommeil et favorise l'abandon scolaire. Pourtant, il y en a qui s'accrochent à l'horaire franquiste sous prétexte qu'il ferait partie de l'« identité » du pays… Ô identité, que de sottises on commet en ton nom !

—

1. Adam GOPNIK, *The Table Comes First*, Toronto, Knopf, 2011.

LE PLUS GRAND
VIGNOBLE AU MONDE *

―――――――

Nous sommes à la mi-août de l'an de grâce 2007... D'ici quelques jours, les caves coopératives du Languedoc-Roussillon ouvriront grand leurs vannes pour recevoir les raisins qu'y déverseront en vrac les petits viticulteurs, pendant que les meilleurs producteurs, eux, commenceront à trier leurs grappes à la main.

La cuvée 2007 de ce territoire, le plus grand vignoble au monde et l'un des plus anciens, se retrouvera plus tard sur les étagères de la SAQ, où les vins du Languedoc-Roussillon occupent une place sans cesse croissante. L'engouement des Québécois pour ces rouges sombres et costauds tient à leur rapport qualité-prix, bien que la bouteille que vous payez 15 dollars à la SAQ se vend, chez les producteurs locaux, deux fois moins cher.

―

* Ce chapitre a fait l'objet d'une série de chroniques dans *La Presse*, du 28 août au 1er septembre 2007. Pour sa rédaction, j'ai abondamment puisé dans un intéressant ouvrage intitulé : « 1907-2007, un siècle rouge ardent », hors-série publié en 2007, à l'occasion de ce centenaire, par les journaux *Midi Libre* et *L'Indépendant*.

Les vendanges ont beau faire partie du paysage languedocien depuis plus de 2500 ans, celles-ci marqueront un anniversaire bien particulier : on célèbre cette année, à grand renfort d'expositions-souvenirs et de manifestations politico-culturelles, le centenaire de la sanglante rébellion des vignerons du Midi, rébellion qui allait une fois de plus cristalliser le sentiment identitaire de l'ancienne Occitanie.

Juin 1907 : Dans son atelier de Montmartre, Picasso peint *Les demoiselles d'Avignon*, l'œuvre qui va révolutionner le monde de l'art.

Juin 1907 : À mille lieues de là, dans le fin fond de ce Midi oublié qui n'est pas encore devenu une destination touristique, c'est la « révolte des gueux ».

Leur patrie pisse le vin, certes, mais la surproduction, conjuguée à la fraude des négociants qui ajoutent du sucre au vin – fraude encouragée par l'État, qui a baissé la taxe sur le sucre pour favoriser les producteurs de betteraves du nord – a mené à l'effondrement des prix.

Émeutes, manifestations monstres, coups de feu, plusieurs morts, un régiment de l'armée qui se mutine par solidarité avec les vignerons...

En fait, la cause première du désastre était probablement la surproduction. Triomphant des épidémies qui avaient ravagé le vignoble français au XIXᵉ siècle, la production méridionale était passée en quelques décennies de 20 % à 50 % de la production nationale. Qu'importe. La rébellion va rallier, contre Paris et au nom du combat contre la fraude, toute la région : royalistes et socialistes, propriétaires terriens et ouvriers agricoles. Maires et députés démissionnent de leurs postes. On est proche de l'insurrection.

La révolte n'aurait pu éclater s'il n'y avait eu une toile de fond : la longue répression de la culture occitane, le sentiment identitaire d'un peuple méprisé par l'orgueilleuse et lointaine capitale... On évoqua même la croisade des Albigeois, qui au XIIIᵉ siècle avait servi de prétexte à la royauté pour mater le Sud rebelle. De la religion ésotérique des cathares ne subsistent que de sombres forteresses dont les ruines s'accrochent aux pitons rocheux les plus escarpés du

Languedoc-Roussillon. Mais les mythes ont la vie dure, et le san-glant martyre des cathares aux mains de l'État central en est un.

Le principal leader de la rébellion était Marcelin Albert, un cafe-tier du village d'Argeliers qui était bon orateur. Quelques jours après une violente émeute à Narbonne, Albert prend l'initiative de «monter» à Paris pour plaider la cause des vignerons auprès de Georges Clemenceau, alors ministre de l'Intérieur.

Clemenceau est un grand homme. En 1919, devenu président du Conseil, il allait s'avérer un négociateur redoutable lors des discus-sions internationales qui ont mené au traité de Versailles. Il ne fait qu'une bouchée du pauvre Marcelin Albert. Il le convainc de calmer ses camarades et lui donne cent francs pour payer son billet de retour. Albert revient au pays totalement discrédité.

La rébellion porte quand même ses fruits. Le gouvernement adopte une loi pour prévenir «le mouillage des vins et les abus du sucrage» et impose une surtaxe sur le sucre, tout en amnistiant les auteurs des délits qui s'étaient produits durant la révolte.

La colère vigneronne allait périodiquement resurgir à chaque nouvelle crise économique. Dans les années 60, des commandos font sauter au plastic les symboles du pouvoir central (postes, SNCF, hôtels des impôts, etc.). «S'il le faut, le Languedoc redeviendra ca-thare!» s'écrie l'un des chefs du mouvement. En 1976, un policier et un vigneron sont tués au cours d'une émeute à Montredon. En 1981, au port de Sète, des vignerons arraisonnent et vident le pinardier qui transporte du vin italien. Pendant l'été 2007, des commandos masqués menaient encore des actions de protestation.

Cette terre généreuse, parsemée de villages datant de l'ère gallo-romaine, est d'une beauté à couper le souffle: entre la Méditerranée, les montagnes du Haut-Languedoc et le massif des Corbières, les vignes s'étendent à perte de vue, en plaine ou sur les coteaux, coexis-tant avec les cyprès, les pins parasols, les chênes verts et les oliviers centenaires, traversées par des routes bordées de platanes.

On est ici dans une monoculture. Chaque village ou presque a sa cave coopérative, et les caves particulières sont innombrables. Si l'on excepte le secteur des services, qui s'accroît grâce à l'augmentation de la population, c'est autour du vin que tourne l'économie locale, et c'est pourquoi les aléas du marché vinicole affectent cette région plus durement que toute autre.

Déjà, au IIe siècle av. J.-C., la Narbonnaise, alors province romaine, exportait son vin à Rome. Les archéologues maritimes ont trouvé au fond de la Méditerranée un lot d'amphores portant l'inscription : « Je suis un vin de Béziers âgé de cinq ans. » On parlait déjà de millésime !

On n'en finit plus d'exhumer les vestiges de l'ancienne civilisation vinicole. Dans le village d'Adissan, on fouille les restes d'un immense chai datant de l'an 10 de notre ère, dont les installations, étonnamment « modernes », pouvaient vinifier un domaine de 100 hectares.

Dès l'avènement du chemin de fer, qui, en permettant l'exportation vers Paris, allait transformer la viticulture artisanale en industrie rentable, le Languedoc-Roussillon devint, littéralement, une usine à vin. Ses vignes, sous le chaud soleil du Midi, « pissaient le vin » : hélas, cette abondance était piégée ; elle mena à une surproduction dont souffrent encore les vignerons.

Le vin du Languedoc-Roussillon eut longtemps de vastes marchés : beaucoup moins alcoolisé qu'aujourd'hui, il servait à étancher la soif, à l'époque où l'eau potable était rare. Même Pasteur, qui s'y connaissait en matière de bactéries, considérait le vin comme « la plus hygiénique » des boissons ! Le vin de la région servait aussi à couper les vins de Bordeaux ou d'Algérie et alimentait en « gros rouge » les classes rurales et ouvrières de la France, de même que les simples soldats de l'armée française. Il coulait... et s'écoulait si bien, qu'avec seulement deux récoltes un gros producteur pouvait se bâtir un petit château.

Tout a changé il y a une vingtaine d'années. Soumise à l'impitoyable concurrence des vins du Nouveau Monde (Australie, Chili, Argentine, etc.) et à ceux d'autres pays de la communauté européenne où les salaires sont plus bas, la région n'a pas eu le choix. Elle a dû effectuer un puissant virage vers la qualité.

On a importé de la région des côtes du Rhône un cépage « noble », la syrah, misé sur les appellations contrôlées, commercialisé une nouvelle marque (les vins de pays d'oc, identifiés par le cépage), encouragé l'arrachage des « mauvaises » vignes... On voit maintenant à l'œuvre toute une génération de jeunes vignerons, instruits en marketing et en œnologie. Malgré la crise qui affecte le vin français, ceux-là tirent leur épingle du jeu.

Les caves particulières survivent. Il n'en va pas de même des producteurs de vin de table.

Les vignerons du Languedoc-Roussillon ont le sang qui bout devant la mondialisation et les politiques de l'Union européenne. Et ils sont férocement protectionnistes. Malheur au supermarché qui oserait promouvoir les vins d'autres régions françaises !

La colère vient surtout des petits viticulteurs dépendant des caves coopératives. Ceux-là ont perdu leur marché (le gros rouge ne se vend plus que dans les campings) après avoir perdu, lors de la fondation des caves coopératives, au début du siècle, leur savoir-faire traditionnel. Naguère, chaque petit viticulteur produisait son vin dans sa propre cave – ce qui explique que beaucoup de ces vieilles maisons vigneronnes ont une énorme porte de garage, par laquelle entraient les charrettes chargées de raisins... Depuis que les coopératives s'occupent de la vinification et de la commercialisation, ces fiers vignerons se contentent de cultiver leurs vignes. Ils sont devenus, autrement dit, de simples producteurs de raisins...

Les coops, nées dans le sillage de la révolte de 1907, ont sauvé bien des petits viticulteurs de la misère. On en compte encore plus de 300 dans le Languedoc-Roussillon. Mais elles sont mal outillées pour faire face à la concurrence internationale et pour prendre le virage qualité.

Que fera-t-on, à moyen terme, de ces grandes caves coopératives – de beaux bâtiments en pierre et en brique flanqués d'immenses cuves de métal – qui dominent les villages comme autant de cathé-drales du vin ?

N'est-ce pas s'arracher le cœur que de détruire les vignes qu'on a plantées, taillées et amoureusement cultivées pendant des années sinon des générations ?

Telle est pourtant la politique de l'Union européenne, dont les grandes lignes sont endossées à contrecœur par la France : des di-zaines de milliers d'hectares ont été détruits, histoire de limiter la surproduction et de faire face à la concurrence internationale. Les viticulteurs reçoivent évidemment une compensation financière, mais ils y perdent leur fierté en même temps que la possibilité de lé-guer leurs vignobles à leurs enfants. Ces derniers, déclassés, se recy-clent comme commis de supermarchés ou chauffeurs de taxi...

Le Languedoc-Roussillon a été l'une des régions les plus tou-chées par l'arrachage : son vignoble va perdre le tiers de la surface qu'il avait en 2007.

Facile à dire, horrible à faire. C'est de la pure logique écono-mique, et peut-être même pas un bon calcul.

À supposer que le marché s'accroisse, les viticulteurs devront re-planter des vignes et remplacer par des ceps neufs, moins intéres-sants, les anciens ceps qui avaient plongé leurs racines dans le terroir. Et c'est sans compter les risques que les récoltes futures soient compromises par un mauvais climat ou une épidémie.

Les prévisions de l'Union européenne sont à courte vue, comme le sont souvent les plans des bureaucrates. Ne savent-ils pas que de très grands pays émergents –la Chine, l'Inde, la Corée – commencent à s'initier au vin ? Pourquoi le Languedoc-Roussillon ne pourrait-il pas écouler son vin de table dans ces vastes marchés ?

Par ailleurs, l'arrachage massif risque de détruire non seulement une culture forte de 2500 ans d'histoire, mais aussi le paysage qui at-tire les touristes et les migrants du nord de l'Europe en quête de soleil et de grands espaces.

« Chaque fois qu'un hectare de vigne disparaît, dit Jacques Gravegeal, le président du syndicat des producteurs de vins du pays d'oc, c'est un Canadair de plus qu'il faut acheter.» (Les avions Canadair transportent l'eau qui combat les feux de forêt très fréquents dans le Midi.)

L'espace viticole abandonné devient de la garrigue – l'enchevêtrement de ronces et d'arbustes qui poussent sur les sols désaffectés du Midi et où un mégot allumé peut déclencher un incendie de forêt terrifiant. «Ici, poursuit Jacques Gravegeal, il n'y a que l'olivier et la vigne qui résistent à l'été. Sans vigne, il n'y a plus de vert. Et si les paysages sont tout noirs, les touristes ne viendront plus.»

Pire, les terres en friche pourraient être vendues à des promoteurs immobiliers. Les nouveaux lotissements, loin d'être concentrés, comme aujourd'hui, à la périphérie des villages, recouvriraient alors la campagne. Le Languedoc-Roussillon connaîtrait le sort de la Côte d'Azur, gâchée par la construction immobilière sauvage.

L'autre problème, c'est que la politique européenne, théoriquement axée sur la «qualité», aura pour effet de promouvoir la constitution de grands domaines industrialisés, analogues à ceux de l'Australie ou du Chili, qui produisent des vins uniformes d'une année à l'autre, sans rapport particulier avec le terroir.

Pourquoi le Languedoc-Roussillon, qui a tant fait pour améliorer la qualité de ses vins en misant justement sur le terroir – un terroir qui varie d'une zone à l'autre, du pic Saint-Loup au massif de la Clape en passant par le Minervois, le Faugères ou le Saint-Chinian –, devrait-il se voir réduit à n'être qu'un clone de l'Australie?

La source du problème loge aussi en France, faut-il dire.

Il fut un temps où le vin y était vu comme un aliment. Jusqu'en 1952, une brochure distribuée dans les écoles indiquait qu'«un litre de vin à 10 degrés a une valeur alimentaire égale à cinq œufs, 900 grammes de lait, 370 grammes de pain ou 585 grammes de viande».

Époque révolue! Les ouvriers, grands buveurs de gros rouge, sont aujourd'hui remplacés par des cols blancs. Dans toutes les classes sociales, les Français boivent moins et, quand ils le font, ils ouvrent une bonne bouteille. Quant aux jeunes, leur façon de s'affirmer contre la culture parentale est de déguster un Coca.

À ce profond changement des mœurs s'ajoutent les lois draconiennes que s'est données la France contre l'alcool au volant – ce qui, conjugué au contrôle de la vitesse, a grandement diminué le nombre d'accidents mortels sur les routes. Mais on est allé trop loin, en interdisant bêtement la publicité sur le vin, comme si ce produit ancestral était un poison analogue à la cigarette.

Aujourd'hui, sur ces mêmes routes naguère intégralement bordées de vignes, on voit de plus en plus de parcelles en friche. Avec, au milieu, un amoncellement de ceps qui attendent preneur pour les feux de cheminée ou les barbecues. Voilà le résultat de l'arrachage, une méthode simpliste et sauvage de rationalisation économique qui risque de détruire bien plus qu'une industrie : une culture vieille de plus de deux millénaires.

SUSHIS ET SASHIMIS

L'engouement pour la cuisine japonaise – pour les bars à sushi notamment – est souvent basé sur de fausses prémisses. Voilà, croit-on, des plats qui ne coûtent pas cher, qui ne vous feront pas engraisser et qui vous seront servis rapidement. Faux, faux et faux.

Le poisson cru *doit* coûter cher, sinon il faut s'interroger sur sa fraîcheur. Un chef qualifié aura mis des années à maîtriser l'art de traiter le poisson, et cela se reflétera dans l'addition. Les sushis et les makis, faits à moitié de riz, contiennent plus de calories que des pommes de terre. Et dans les bons restaurants, on attendra assez longtemps, car les chefs travaillent à la minute.

Les plateaux de sushis préparés, que l'on trouve maintenant jusque dans les supermarchés et qui sont souvent fabriqués par des cuisiniers chinois sans expertise particulière, sont un succédané passable si l'on veut manger sur le pouce, mais ont autant de liens avec l'art véritable du sushi que la pizza industrielle avec la bonne cuisine italienne.

En principe, il suffit d'indiquer quels poissons l'on veut, dans les étalages qui bordent le bar à sushi. Mais au Japon, il arrive souvent que les meilleurs restaurants de sushi n'exposent pas les poissons. Nous sommes ici, ne l'oublions pas, au royaume de l'honnêteté. Le client sait qu'il peut faire entièrement confiance au chef et que ses poissons seront d'une fraîcheur impeccable. Nul besoin de le vérifier *de visu*.

Les *sushi chefs* vous diront de vive voix quels sont les produits offerts ce jour-là, et on les apportera de la cuisine pour que les chefs les apprêtent devant vous. Simple... à condition de parler japonais!

Heureusement, mon mari est depuis longtemps familier des bars à sushi. Il fait le geste convenu, tendant les deux mains, avec un salut de la tête, vers le chef qui officie devant lui, ce qui signifie: «Je m'en remets à vous.»

Suivront une succession de sushis et de sashimis, tous délicieux, en nombre suffisant pour combler l'appétit du convive ordinaire. Ces chefs savent quand clore un repas. Il ne leur viendrait pas à l'idée d'en rajouter pour augmenter l'addition. C'est le Japon, vous dis-je...

À Kyoto, dans une rue tranquille du quartier traditionnel, voici un autre bar à sushi sans étalage de poisson... Mais ici, le chef veut désespérément nous expliquer ce qu'il compte nous servir. Il va chercher un gros livre où sont illustrés les poissons du Pacifique. Avec une gentillesse muette, il nous désigne les vignettes qui correspondent à ce que nous allons déguster. Cela ne nous dit pas grand-chose, car ces espèces nous sont inconnues, mais quelle délicatesse de sa part!

On mange les sushis avec les doigts et les sashimis avec des baguettes, en les trempant très légèrement dans la sauce soja, sauf s'ils ont été au préalable enduits de citron ou de sauce maison, comme les sushis à l'anguille. La sauce soja n'est qu'une façon de saler l'aliment, elle ne doit pas en altérer le goût.

Dans un bar à sushi, tout se mange cru sauf les anguilles et les plats chauds qu'on peut commander de la cuisine. Le répertoire des plats cuisinés est vaste, il va des aubergines braisées aux tatakis de viande ou de poisson en passant par des bouillons de coquillages.

À Kanazawa, au nord du Japon, notre ami Danny, marié à une Japonaise, nous emmène dans le meilleur bar à sushi de la ville. Danny et mon mari commandent des crevettes crues. Fraîches, les crevettes ? Et comment ! Le chef les prend dans le vivier, les décapite en un éclair. Elles gigotent encore quand nos hommes se les mettent dans la bouche. Viennent les sashimis. Même scénario : les branchies du poisson, prestement exécuté, frémissent encore quand il est déposé sur le plat… Je me contente quant à moi de sashimis de thon, le thon étant en l'occurrence bien mort et bien immobile.

À Kanazawa, nous avons loué une chambre dans un *ryokan*, l'hôtel traditionnel. Nous mangeons comme il se doit dans notre chambre, où le futon est tantôt étendu, tantôt remisé par la mégère qui nous talonne sans arrêt, à la fois femme de chambre, serveuse et maîtresse des lieux (et probablement ancienne geisha, car les *ryokan* étaient traditionnellement des bordels de luxe où ces messieurs amenaient leur maîtresse, jamais leur épouse).

À l'heure convenue pour le petit-déjeuner, la virago entre sans frapper et replie d'autorité le futon, dresse à sa place une table basse et deux sièges à même le sol. Le petit-déjeuner sera fait de riz, d'algues, de poisson frit et de radis marinés. Pas de café, que du thé…

La veille, nous avions dégusté un dîner de style *kaiseki,* toujours seuls dans notre chambre (les *ryokan*, à la fois parce qu'ils reçoivent des couples illégitimes et parce que le fait d'échapper à la foule est un signe de luxe, sont des endroits de stricte intimité, sauf pour la présence irritante de la femme de chambre).

Le *kaiseki* authentique est un banquet, ou un repas d'apparat fait d'une succession de mets rares et saisonniers, présentés avec un souci esthétique très poussé, chaque plat étant aussi admirable qu'un délicat tableau. Les *ryokan* et les restaurants en offrent aussi des versions écourtées et moins chères.

Le premier plat de notre *kaiseki* est un bouillon très savoureux que l'on déguste, bien sûr, en buvant à même le bol plutôt qu'à la cuiller. La mégère, accroupie sur ses talons, nous observe sans aménité.

«Arrête! Repose ton bol, m'intime subitement mon mari.

— Mais pourquoi, c'est très bon!» Je reprends une gorgée.

«Lysiane, re-po-se-ton-bol», insiste mon mari, du ton qu'on doit avoir lorsqu'un bandit est entré dans la chambre et qu'on dit à mi-voix à son conjoint de téléphoner à la police. Je m'exécute, à regret. Mon mari m'explique alors qu'au fond du bol il y a une flopée de petits poissons qui se baladent dans le bouillon. Il avait bien prévu ce qui serait arrivé: au premier signe qu'un poisson entier serait entré dans ma bouche, j'aurais tout régurgité... Scène de la mégère, triomphante devant l'usurpatrice (une épouse, même pas une maîtresse!), sortant la serpillière et me lançant des regards mauvais.

On n'ose imaginer le faste qui préside aux *kaisekis* servis à la table de l'empereur. Il existe en effet deux anciennes cultures au Japon. Celle des samouraïs, les chefs militaires, qui se manifeste par les couleurs criardes, l'étalage ostentatoire des richesses et le style tape-à-l'œil des palais des shoguns, et celle des empereurs, dont les palais sont d'une sobriété ascétique, et les trésors cachés à la vue des passants. D'où la persistance d'une esthétique japonaise unique au monde par son élégance et sa discrétion.

La partie la plus luxueuse du kimono est la doublure, que seuls verront les intimes de celui ou celle qui le porte. La partie la plus travaillée du bol où l'on boit directement, en le tenant avec les deux mains, les bouillons et le thé, n'est pas l'extérieur, mais le fond, que seul verra celui qui en aura dégusté le contenu...

Même la vaisselle courante, qu'on trouve dans les restaurants ordinaires et les grands magasins, est d'un raffinement sans équivalent. Les boîtes de laque noir et rouge, les reposoirs pour les baguettes, les bols émaillés, les assiettes de service peintes à la machine, tout est joli et de bon goût.

La cuisine japonaise est loin de se limiter au poisson cru. À Kyoto, nous nous sommes arrêtés un soir dans un troquet de quartier où l'on ne servait que du pot-au-feu. Les gens se pressaient sur les banquettes, autour d'odorants bouillons où avaient cuit des légumes et de la viande.

On sert partout des tempuras de légumes et de poisson, plus digestes que nos fritures parce que les aliments sont enrobés d'une chapelure de panko, plus friable que la chapelure courante chez nous.

À côté des restaurants de grillades (les bien connues *robata*), on trouve aussi des établissements qui se spécialisent dans l'anguille (*unagi*), servie sur un lit de riz et nappée d'une sauce soja sucrée. On peut aussi y trouver du *cha yuan mushi*, des flans aux œufs et à l'anguille.

Quel délice que la chair de l'anguille! En Nouvelle-France, on s'en régalait. Hélas, l'anguille est devenue une espèce menacée, qui survit à peine dans le Bas-du-Fleuve. Nos grands barrages hydroélectriques ont causé sa perte. On en trouve, fumée, dans certaines poissonneries, mais il faut aller aux Pays-Bas et en Belgique pour en déguster à l'état frais.

Au Japon, tout est dans le plaisir de la découverte. À Tokyo, derrière la gare ferroviaire, nous avons déniché sous un pont une minuscule *yakitori* au mobilier rustique, où les brochettes de poulet étaient extraordinaires, bien juteuses sous la chair croquante.

À Kyoto, dans le sublime jardin du temple Ryoan-ji (où la pièce maîtresse est un admirable jardin de pierres et de fin gravier composé selon les principes du bouddhisme zen), des moines servent des plats végétariens au bord d'un étang où flottent des nénuphars... Dans cet environnement qui respirait la sérénité, nous avons eu l'impression d'être morts et arrivés au paradis.

D'UN CHEF À L'AUTRE

———

Le restaurant tel qu'on le connaît est une invention relativement récente. Longtemps, l'établissement public où l'on se sustentait était à l'usage exclusif des pauvres ou des voyageurs, car la noblesse mangeait à l'intérieur des murs de ses châteaux, bien servie par une nombreuse domesticité.

Il y avait le vendeur de soupe ambulant à qui l'on apportait son bol. Il y avait, pour les voyageurs, l'auberge où l'on pouvait dormir et se nourrir de plats roboratifs.

Dans les familles, pour la cuisson des pièces de viande, on empruntait le four du boulanger une fois que ce dernier avait fini de cuire ses pains (d'où la recette bien connue du gigot à la boulangère, cuit dans des pommes de terre).

Une date marquante : 1574, l'introduction à la cour, par Catherine de Médicis, de la fourchette, qui, en Italie, servait à consommer les pâtes. Jusqu'alors, les nobles préféraient porter les aliments à la bouche avec les doigts...

Autre évolution marquante, le service « à la française », où tous les plats étaient présentés simultanément, disparut graduellement au profit du service «à la russe» où les plats se succédaient, ce qui allait finalement engendrer la formule que nous connaissons aujourd'hui : hors-d'œuvre, entrée, poisson et viande, les plats les plus lourds venant après les plus légers, le tout se terminant sur la note sucrée du dessert.

En ce domaine comme en tant d'autres, les plus grands changements vinrent avec la révolution de 1789, encore que les révolutionnaires, l'austère Robespierre en particulier, se méfiaient des plaisirs de la table. «Le champagne est le poison du peuple», disait-il, comme plus tard les marxistes allaient proclamer que la religion est l'opium du peuple.

Mais la société bougeait, des cuisiniers naguère au service des nobles se mettaient à leur compte, et au début du XIXe siècle naquit le restaurant moderne, à l'usage de la bourgeoisie montante.

Alors que la noblesse mangeait à l'abri des regards des badauds, les bourgeois veulent montrer leur réussite sociale. «Grâce aux vitres, les gens de la rue assistent désormais aux repas des bourgeois, dit le sociologue. Jean-Pierre Corbeau. Le rituel de la table, qui dans la noblesse était un moment d'intimité, devient alors un théâtre, les bourgeois rivalisant d'élégance et de goût. C'est à cette époque qu'apparaissent les manuels de savoir-vivre. Cette culture du manger et du boire s'est ensuite diffusée dans l'ensemble de la société française [1].»

C'est donc à Paris qu'est né le restaurant, de même d'ailleurs que cette autre institution conçue pour accommoder la bourgeoisie montante, le magasin généraliste à grande surface... qui allait ensuite se reproduire partout au monde. L'ouverture du Bon Marché, le grand magasin qui existe encore sur la rive gauche, a été immortalisée par Zola dans son roman *Au bonheur des dames*.

Les premiers restaurants naquirent sous les arcades du Palais-Royal, alors lieu de promenade et de divertissements divers (les prostituées y faisaient des affaires d'or). En 1805, on y trouvait déjà une quinzaine de restaurants, de même qu'une vingtaine de cafés, dont l'un, le Café Chartres, était situé à l'emplacement de l'actuel Grand Véfour.

Un autre survivant de l'époque, le restaurant Lapérouse, quai des Grands Augustins, était alors connu non seulement pour son faste et sa qualité – qu'attendre d'autre d'une cuisine qui fut un temps dirigée par Escoffier? –, mais aussi pour ses petits salons privés, lieux privilégiés et discrets des rencontres galantes entre les clients et leurs maîtresses, pendant que la légitime mangeait à la maison avec la marmaille.

Un autre grand site de pèlerinage : le Procope, rue de l'Ancienne-Comédie, sis dans ce qui fut, dès 1686, le premier café de Paris. La maison abrita plus tard les conversations des grandes plumes des Lumières : les Rousseau, Diderot et Voltaire... Qui n'aurait pas aimé être dans la peau d'un garçon de table pour écouter leurs conversations ?

Le concept du restaurant a perduré en se ramifiant à l'infini, mais plusieurs traditions se sont perdues. Ainsi le service sur guéridon, qui a été longtemps la norme, à Montréal comme ailleurs, dans tous les restaurants de tradition française : le maître d'hôtel, ou le garçon le plus expérimenté, préparait sous vos yeux le canard à l'orange ou les crêpes Suzette que vous aviez commandés.

Peu à peu, on en vint à garnir les assiettes dans la cuisine, une formule plus simple et plus économique, d'autant plus qu'on a perdu l'habitude de servir de grandes pièces de viande ou de gros poissons entiers.

Avec la disparition du service sur guéridon, qui ne survit que dans certaines grandes brasseries, le rôle du maître d'hôtel, naguère capable de découper un canard, de parer une sole meunière en un tournemain ou de flamber des crêpes avec l'abandon suprême d'un maestro, a perdu son aura. Même s'il reste le patron de la salle, il n'en est plus la vedette. Il n'est plus que celui qui place les clients et supervise le service.

De nos jours, les grandes tables ont gardé leurs chefs en blouses blanches, pour qui la propreté demeure, grâce leur en soit rendue, une vertu cardinale... mais ailleurs, c'est le *free-for-all* – le règne du n'importe quoi. À Paris, Montréal ou New York, les jeunes chefs à la mode, dans un gigantesque pied de nez aux traditions, se présentent à leur clientèle en jeans et casquette de base-ball, ou, comme Chuck Hugues (Garde manger, Le Bremner) ou Derek Dammann (Maison Publique), les bras couverts de tatouages... le miracle étant que ces types qui ont l'air de sortir d'un chantier de construction font la cuisine comme des dieux.

Ce laisser-aller dans la mise (ou, pour dire les choses plus gentiment, cette tenue *relax*) illustre d'autres changements plus profonds.

Il fut un temps où le chef était à votre service. Il vous offrait un large éventail de plats et vous choisissiez en fonction de vos goûts et de votre budget.

Dans plusieurs établissements, y compris les meilleurs, les rôles se sont inversés. Le chef à la mode vous prive de la liberté de choix : il vous impose un menu unique et à prix fixe... et encore s'agit-il souvent d'un menu mystère dont il ne consentira pas à vous révéler la composition. Vous êtes entre ses mains, et tant pis si ce soir-là vous avez envie de manger de l'agneau plutôt que du pigeon, et des crevettes plutôt que du maquereau.

Un soir où j'y étais, Inaki Aizpitarte, le chef du Chateaubriand à Paris (qui est par ailleurs extraordinairement talentueux) poussait la désinvolture jusqu'à proposer, dans son menu fixe dont on ne peut déroger que pour cause de grave allergie, des ris de veau comme unique plat de viande, au mépris du fait que beaucoup de gens trouvent ce goût laiteux vaguement écœurant.

Une autre évolution a été l'ouverture des cuisines sur la salle, qui permet au client d'observer, quitte à le critiquer, le travail qui s'effectuait naguère à l'abri des regards.

La formule, en fait, est apparue au Japon bien avant qu'elle devienne à la mode en Europe et en Amérique. En partie à cause de l'exiguïté des lieux (les tables prennent beaucoup de place) et de l'influence du bar à sushi, beaucoup de restaurants japonais servaient les clients au comptoir derrière lequel s'activaient un ou deux chefs, même lorsqu'ils servaient une cuisine d'inspiration française.

Le modèle de la cuisine ouverte précédée d'un comptoir est maintenant répandu, comme chez Impasto, de Stefano Faita, dans la Petite-Italie où régnait déjà sa mère, derrière le comptoir de la quincaillerie Dante, la Mecque des cuisiniers amateurs.

Personnellement, je trouve agréable et instructif d'observer le travail des cuisiniers et, souvent, mon mari et moi choisissons de nous installer au comptoir plutôt qu'à une table. Mais il y a des gens que la coutume agace parce qu'elle transforme en spectacle un repas qui devrait être convivial et faire place à des conversations qui ne seraient pas exclusivement centrées sur la technique culinaire. (Il est vrai que si l'on est plus de deux, il vaut mieux s'asseoir à une table pour converser normalement.)

«Le chef a pris le pouvoir», écrit JP Gené du *Monde Magazine*, faisant écho au gastro-blogueur Bénédict Beaugé : «Le consommateur s'efface, obnubilé par la performance du cuisinier-star. Le client était roi, il ne l'est plus.»

«Avant, écrit Gené, le cuisinier recevait en son auberge, désormais il entend faire vivre une " expérience " à celui qui vient, goût et bourse liés, se soumettre à son désir et à son (éventuel) talent. Pris entre une esthétisation croissante de la cuisine, soumis à l'ego surdimensionné de ces chefs médiatiques, et bombardé de rumeurs incessantes lancées par des foodies qui font et défont une réputation en quelques *tweets*, le client doit réinventer son statut[2]... »

Ko, le restaurant phare de la chaîne Momofuku, à New York, pousse la tyrannie (j'écris le mot en souriant, car j'y ai passé une soirée délectable) jusqu'à vous imposer un mode de réservation très contraignant (disons à 21 heures, 14 jours avant la date désirée, et cela, par courriel uniquement... et tant pis si le vôtre arrive deux secondes trop tard). Lorsque, comme on l'a requis, vous téléphonez la veille pour confirmer votre présence, on vous avertit d'un ton sévère de vous présenter à l'heure pile et surtout pas plus de deux minutes avant, car il n'y aura pas de place pour vous accueillir.

Ah! mais une fois attablé au comptoir de Ko, derrière lequel s'activent de jeunes cuisiniers aux doigts de fée qui préparent devant vous une succession de bouchées (plus d'une vingtaine) tout en ayant la grâce de vous les décrire gentiment, on oublie ces petits ennuis et l'on ne pense surtout pas, comme le proposait Gené, à «réinventer son statut»! On se contente de n'être qu'un client comblé!

Aucun des abus de pouvoir des *celebrity chefs* actuels, faut-il dire, ne se compare à la grossière arrogance du chef torontois Susur Lee, du moins à ses débuts. Mon mari et moi avons subi, dans son premier établissement (c'était dans les années 80), le dîner le plus désagréable de notre longue carrière de clients de restaurants.

M. Lee, alors vedette montante de la cuisine fusion, se faisait fort de préparer les plats à la minute et de les servir à mesure, sans tenir compte des commandes des autres convives de la table. Je commençais mon entrée quand mon mari, ayant fini la sienne depuis longtemps, a reçu son plat de viande, et ainsi de suite. Les Torontois branchés, tout fiers de cette vedette qui les sortait d'un long purgatoire alimentaire, trouvaient formidable l'idée de ne pas servir la table au même rythme, croyant que c'était un signe de qualité! Il paraît que Lee a changé, mais je n'irai pas vérifier.

Une autre mesure punitive utilisée par plusieurs restaurateurs populaires, dont la clientèle est assurée, est le refus de prendre des réservations. Vij's, le meilleur restaurant indien de Vancouver, a été l'un des précurseurs de cette mode irritante, particulièrement en vogue à New York. Les gens qui ne veulent pas manger à 18 heures doivent donc faire le pied de grue dans la cour de Vij's pendant une ou deux heures pour avoir une table. En attendant, on leur sert des amuse-bouche pour les inciter à commander de l'alcool. Quand enfin on s'assoit à table, l'appétit vous a lâché et le vin a déjà fait son effet.

Autre formule très à la mode chez les *foodies* en quête de nouveautés perpétuelles: le restaurant clandestin, dont seuls les initiés recevront l'adresse par texto, le plus extravagant du genre étant l'Ultraviolet, un établissement de Shanghai (devenue, à l'instar de New York, la ville de tous les excès), lequel vous offre une expérience multisensorielle dont un reporter du magazine *Le Point* a bénéficié.

Dans une usine désaffectée dont l'adresse a été tenue secrète jusqu'à la dernière minute, une dizaine de personnes étourdies et désorientées se gaveront de mets fins, dans un environnement où se conjuguent sons, lumières, images, effets spéciaux et diffuseurs d'odeurs – un environnement qui les amènera au fond des mers ou dans la stratosphère.

Voici le moment de l'apéro : « Deux guérilleros surgissent d'un passage dissimulé dans la paroi. Au son d'une musique chamanique, ils secouent des shakers d'où s'échappe une fumée glacée : de l'azote à -180 °C. Ces soldats aux yeux cachés sous la visière de leur casquette militaire mélangent plusieurs produits pour préparer le paloma au pamplemousse et à la nitro qui sera servi dans des cuillères à café. »

Suivront un poisson enfermé dans un rectangle lumineux de gelée et d'épices, des huîtres dégustées au son du roulis des vagues, dans des odeurs de brume iodée, un poulet rôti servi sous une vidéo où tourne une volaille embrochée dont le parfum et les craquèlements de la peau croustillante (des sensations qui vous parviennent par des diffuseurs) vous font saliver, des truffes savourées dans un décor de sous-bois au pied d'un chêne dégageant des senteurs de terre fraîche...

L'expérience, conçue par le Catalan Paul Pairet, aura coûté près de 700 dollars à des convives qui auront réservé quatre mois à l'avance.

Ces 30 dernières années, les chefs ont tellement innové et suscité tant d'attentes chez des *foodies* de plus en plus blasés qu'ils ne savent plus quoi inventer pour surprendre, voire scandaliser. Un sommet dans le genre, raconté par la critique gastronomique Marie-Claude Lortie :

« Invité à Copenhague à MAD, le symposium annuel de son ami Redzepi (Noma), Alex Atala, la star incontestée de la révolution gastronomique sud-américaine, est arrivé sur scène avec un poulet vivant, pour lui casser le cou avec ses mains devant une foule estomaquée. " Maintenant, mangeons ", a-t-il déclaré en brandissant la volaille sans vie. Sur son t-shirt, on pouvait lire : *Death Happens*, la mort existe[3]. »

L'idée, apparemment, était de nous apprendre qu'il faut respecter les animaux que nous allons manger. Merci pour la leçon de morale, mais on repassera... Le même Atala prône également la dégustation de fourmis comestibles (?), en hommage aux traditions entomophages du Brésil...

Lisons la description que donne le magazine *En Route* du plat (mais est-ce encore un plat?) concocté par le chef japonais Seiji Yamamoto au festival de Madrid Fusion: «Il verse dans une assiette un mélange d'encre de calmar et de miso à travers un écran de cire pour *sérigraphier* un texte décrivant le plat qu'il va préparer: jaune d'œuf poché, sel rouge et carpaccio de calmar fumé. Sa sérigraphie sert de trempette pour le calmar. Dans une autre assiette, il s*érigraphie* un code QR, qu'on peut s*canner* avec son *smart phone* pour accéder directement au site Web de son restaurant. C'est de la cuisine conceptuelle au carré. La foule est en délire».

Il y a quand même, heureusement, des chefs qui s'insurgent contre ce genre de cuisine techno tape-à-l'œil. Ainsi Santi Santamaria, qui lançait au même festival un cri du cœur en faveur d'un retour au bon goût.

Les chefs se reconnaissaient auparavant comme des travailleurs manuels, conformément d'ailleurs à la vénérable institution française qui attribue chaque année, chez les artisans des métiers de bouche, le titre envié de «meilleur ouvrier de France» – une distinction qui est, pour ses titulaires, un passeport vers un emploi dans les cuisines les plus prestigieuses.

Désormais, les chefs refusent de n'être que des artisans de génie. Dans les colloques qui regroupent les stars internationales du métier, leurs discussions sont truffées de concepts inaccessibles au commun des mortels. Ils sont devenus plus abstraits, plus difficiles à suivre, que les intellectuels lacaniens du V\ :sup:`e` arrondissement de Paris!

Non contents de se présenter comme de purs théoriciens alors qu'on les croyait praticiens, ils ont phagocyté le domaine de la littérature. Pendant un certain temps, les noms de plats, sur les cartes de certains restaurants, étaient des envolées pseudo-poétiques qui faisaient sourire par leur préciosité naïve (car n'est pas écrivain qui veut). Michel Bras, en particulier, s'est distingué par les textes lyriques superfétatoires qui parsemaient sa carte.

On passe maintenant d'un extrême à l'autre. La mode «littéraire» est en train de disparaître au profit d'une sobriété ascétique, comme dans cette description du chef Jean Sulpice : «châtaignes, parmesan, pain», pour désigner un velouté de châtaignes associé à une mousse froide de parmesan, une pincée de truffes et des petits croûtons de pain de châtaignes.

Tous les chefs le moindrement connus ont publié leur livre de recettes, envahissant le monde déprimé de la librairie... qu'ils contribuent à maintenir à flot. En cette ère où on lit de moins en moins, ils occupent la place de choix sur les présentoirs, et leurs livres sont parmi les best-sellers. Ils se vendent davantage que les meilleurs romans. Le client qui chipotera devant un essai de 28 dollars dépensera allègrement le triple, voire davantage, pour un luxueux livre de cuisine magnifiquement illustré.

Dans cette époque désenchantée, où l'écrit a disparu au profit de l'image et où la politique n'offre plus d'espoir, ce sont les chefs qui nous offrent du rêve...

—

1. Cité par Ariane CHEMIN, «Le repas, un art français», *Le Monde*, 15 février 2014.

2. JP GENÉ, «Le chef a pris le pouvoir», *Monde Magazine*, 16 mars 2013.

3. Marie-Claude LORTIE, «La cuisine qui secoue notre monde», *La Presse*, 9 novembre 2013.

LE BANQUET CHINOIS

―――

Quand le poisson est présenté à table, la couleur de sa chair doit être blanche comme le jade, elle doit être ferme et ne point déborder. On peut dire, alors, que sa chair est fraîche. Quand sa couleur est blanche, mais d'une blancheur de poudre de riz, et qu'elle se désagrège, c'est que sa chair est morte. Un poisson bien frais, que l'on cuit trop, devient immangeable, et c'est alors véritablement détestable.

Yuan Mei

La Chine est, de tous les pays du monde, celui qui accorde le plus d'importance à la nourriture. Et ce, depuis des temps immémoriaux. La cuisine en Chine est vue à la fois comme un besoin naturel, une pharmacopée reflétant l'équilibre de la nature, une esthétique analogue à l'art.

Dès le IVe siècle av. J.-C., les règles de la restauration en vigueur à la cour impériale avaient été décrites dans les moindres détails, dans ce qu'on appelle le « rituel des Zhou »[1]. Ces règles minutieuses étaient encore appliquées lorsque l'empereur Qianlong arriva au pouvoir en 1736 !

À la cour des Shang, au IIe millénaire av. J.-C., 60 % des quelque 4000 employés du palais impérial, soit 2271, se consacraient exclusivement à la préparation et au service des repas. Une brigade qui comprenait 162 maîtres diététiciens chargés d'élaborer les menus, 128 chefs de cuisine pour la seule famille impériale, 128 autres qui cuisinaient pour la suite et les invités, 335 spécialistes en aliments d'origine végétale, 70 autres en aliments d'origine animale, 24 chargés d'apprêter les tortues et les crustacés, 450 responsables de la préparation et du service des alcools, 170 qui s'occupaient des autres boissons, 94 responsables de la glace, 62 spécialistes des condiments et des sauces...

Sous la dynastie des Tang (618-907), on introduisit de nombreux produits importés comme l'aubergine, le céleri-rave, les épinards, le safran, la muscade et l'aneth, pendant que l'ail, omniprésent, s'affirma dans son rôle déterminant de rehausseur de goût.

Dès lors, la cuisine ne fut plus seulement un assemblage de codes diététiques visant à entretenir à la perfection le corps céleste de l'empereur (et par extension, ceux de sa cour). Elle devint un art, au même titre que la poésie, la peinture et la calligraphie.

Les Qing, originaires de Mandchourie, y greffèrent leurs propres coutumes alimentaires. Pour l'empereur Qianlong, les «trésors» gastronomiques, les mets les plus rares et les plus chers, étaient la bosse de chameau, la paume d'ours, les lèvres de singe, le fœtus de léopard, la queue de rhinocéros, la cigale et... seule référence qui nous sera familière, la viande de cerf.

C'est en sachant que nous allions nous immerger au cœur même de cette civilisation multimillénaire que mon mari et moi sommes retournés en Chine en 2010, pour un voyage gastronomique organisé par nos amis Pierre et Cécile Baulu, de fins gourmets qui parlent mandarin et connaissent à merveille l'histoire du pays.

Pendant trois semaines, nous avons fait halte dans plusieurs villes, et dégusté des spécialités locales dans des restaurants de qualité... dont on pouvait, grâce aux fines traductions de Pierre, apprécier les noms enchanteurs. À Shanghai, La Ruelle de la musique douce ou Le Pavillon au bord des vagues ; à Pékin, Les Auspices favorables de l'est ou La Porte de la grotte ; à Xi'an, Au temps des amours véritables ; à Hangzhou, La Maison du gouverneur ivre ; à Chengdu, L'Abricot rouge ou Le Code des saveurs ; à Emei, La Montagne des perles rouges ou Le Sommet doré ; à Guilin, Le Banquet de thé de l'étang du dragon... Des noms assurément plus poétiques que Chez Mimile ou Le roi de la patate !

Nous étions une vingtaine de voyageurs, ce qui convenait bien à l'exercice, car si les restaurants ont de plus en plus de tables pour deux ou quatre personnes, en raison de la politique de l'enfant unique qui a dramatiquement rapetissé la taille des familles, ce n'est qu'à plusieurs que l'on peut vraiment apprécier l'extraordinaire variété de la cuisine chinoise.

En effet, la cuisine chinoise est la plus diversifiée au monde. Même la cuisine française, avec ses déclinaisons étourdissantes, ne peut rivaliser à ce chapitre avec l'empire du Milieu.

Un banquet, ou simplement un très bon repas, regroupe des plats qui varient évidemment selon les régions, mais il comprend toujours, en entrée, de six à huit plats froids et semi-froids, parmi lesquels on trouvera, à titre d'exemple, des racines de lotus au vinaigre, des pâtes à la fécule de haricots, des darnes d'anguille à l'*hottonie* (herbe aromatique), des tripes de porc ou de yak au sarrasin, de la carpe fumée, des pousses de bambou à l'huile de sésame, de la méduse marinée, du foie d'oie aux concombres, de la galantine d'âne fumé...

Suivront une dizaine (jamais moins, parfois plus) de plats chauds, dont l'abondance et la variété font rêver autant que leurs appellations très souvent romanesques. Ainsi, « le souvenir des moments difficiles » désigne un plat de légumes bouillis rappelant les privations du Grand Bond en avant et de la Révolution culturelle. « Le lapin de cristal » est un lapin grillé dont la peau caramélisée luit à la lumière. « La lumière de la lune sur l'étang de lotus » désigne de petites crêpes garnies de porc et de concombre ; « L'ouvrier du thé absorbé par les tâches du printemps», un plat de champignons secs, de pousses de bambou, de poulet et de thé vert.

«Le lotus frémit au son de la flûte de roseau» désigne un plat de racine de lotus, poulet, crevettes et thé vert; «le grand projet de développement», du porc longtemps braisé dans une sauce au soja; «le grenier regorge de grains», un plat de champignons, maïs, ormeau, œuf et chou; enfin, «nostalgie du pays natal» est un plat de vermicelles...

La Chine est un continent, avec son nord venteux et sablonneux, ses steppes, ses montagnes, ses côtes maritimes, ses lacs encore fertiles, ses rivières et son sud tropical.

Dans les provinces de l'intérieur (Shaanxi, Yunnan, Sichuan), la cuisine est généralement plus épicée que dans les régions côtières, peut-être parce que, jusqu'à tout récemment, on pouvait difficilement s'y procurer des aliments frais, mais la règle n'est pas absolue, car les cuisines régionales s'interpénètrent, produisant un tableau d'ensemble fabuleusement riche. Ainsi, le poisson frit entier nappé de sauce douce est une spécialité de Canton et de Suzhou, mais on en trouve aussi ailleurs.

Le Sichuan a une cuisine dite masculine, caractérisée par des plats de viande pimentés. (Pour les Chinois, qui ont le sens de l'image, la cuisine féminine désigne des légumes, des plats mous et humides...) Dans cette région, au mont Emei et à Chengdu, nous avons dégusté entre autres mets du ragoût de boudin, des filets d'anguille aux vermicelles de patate douce, des choux sautés au piment rouge, des travers d'agneau braisés, et une fondue paysanne comprenant un poulet bio, quatre pigeonneaux et une tortue... bio elle aussi. Les restaurants du Sichuan peuvent servir jusqu'à 50 espèces de champignons sauvages.

La province du Guangxi, à l'extrême sud, est dans une région sous-tropicale où abondent les produits marins et le petit gibier. À Guilin, nous avons donc dégusté, entre autres mets, une casserole de cailles désossées avec champignons et herbes médicinales, des petites tortues de rivière braisées à la sauce soja, du rat de bambou braisé et des bêches-de-mer (animaux marins apparentés aux oursins et aux étoiles de mer). Ce n'est que dans un restaurant de Guilin que nous avons eu des rouleaux de printemps. Ce plat, omniprésent chez nous, l'est beaucoup moins en Chine.

À Shanghai, l'extravagante métropole, les fruits de mer et les poissons sont également à l'honneur : nous y avons mangé notamment une perche au vin de Shaoxing, des crevettes farcies au foie d'oie, un mijoté de pintade aux pommes et au bambou, du tofu au vin de riz avec légumes verts et pétoncles séchés.

La ville de Hangzhou, sur les rives du célèbre lac de l'Ouest dont l'aménagement paysager est classé au patrimoine culturel de l'humanité, a des spécialités aquatiques comme le poisson au vinaigre, les racines de lotus du lac de l'Ouest, les crevettes au thé de Longjing (le meilleur thé du pays), une soupe de la longévité à base de champignons médicinaux, de même qu'un poulet du mendiant cuit en papillote et le fameux porc à la Dongpo (le jarret est successivement bouilli, frit et braisé, le plat tenant son nom d'un poète local qui l'adorait).

Suzhou, avec ses canaux, est la petite Venise chinoise. On y mange, par exemple, des poissons de rivière, comme le poisson à la vapeur au gingembre et à la cibouIe, des têtes de poisson aux piments rouges, un sauté de crevettes aux châtaignes d'eau et aux graines d'*euryale* (une plante aquatique médicinale).

Xi'an, l'ancienne capitale et point d'arrivée de la route de la soie, compte une forte minorité musulmane. Sa cuisine a été influencée par les marchands venus du Proche-Orient. Nous y avons dégusté, par exemple, du gigot d'agneau à la persane, du canard parfumé à la pérille (une herbe à propriété antibiotique proche du *shiso* japonais), un sauté d'ignames, de champignons et de graines de gingko.

Pékin, de tout temps carrefour où se croisaient les envahisseurs, est un gigantesque creuset où se distinguent, entre autres plats, la cuisine coréenne, avec ses brochettes cuites sur un gril de table, et la cuisine mongole, avec son ragoût de queue de bœuf et sa fondue faite de tranches très minces d'agneau et de bœuf que l'on fait cuire dans le bouillon qui mijote dans sa marmite d'émail cloisonné au centre de la table, en les accompagnant de légumes et de sauces diverses, à la coriandre ou à l'ail doux ; on y fait cuire aussi parfois des champignons sauvages.

Le fameux canard laqué est meilleur dans les restaurants qui en font leur spécialité, comme au Da Dong Kaoya, l'un des trois restaurants haut de gamme du même nom à Pékin.

Rituel classique : le serveur détaille de fines tranches de peau croustillante que l'on pose sur une crêpe garnie de sauce hoisin et d'une tige d'oignon vert, l'un des plaisirs consistant à étaler la sauce avec l'oignon en guise de pinceau. On roule le tout et on mange avec les doigts. Deuxième service : la chair du canard est hachée et sautée avec des légumes et des condiments (dans les repas plus simples, on sert ce mélange comme plat de résistance), et on la déguste en l'enroulant dans des bouchées de laitue iceberg. Le troisième service du canard laqué classique sera le bouillon clarifié du canard.

Durant ces deux semaines, nous avons trop mangé, c'est évident. Mais parole de Confucius, comme nous avons bien mangé !

---

1. William Chan Tat Chuen, *À la table de l'empereur de Chine*, Arles, Éditions Philippe Picquier, 2007.

L'IDÉOLOGIE ET LE GOÛT

———

La culture culinaire contemporaine est fortement marquée par le mouvement écologique : préserver la terre, limiter les gaz à effet de serre et la consommation d'énergie requise par les transports...

D'où la popularité du locavorisme, ou l'idée que l'on ne doit manger que ce que l'on trouve tout près de chez soi. Le principe est excellent non seulement pour des considérations écologiques, mais aussi parce que rien n'équivaut à la saveur des poissons frais pêchés, des légumes tout juste sortis des potagers ou des fruits cueillis à point qui n'auront pas subi les aléas du transport et de la réfrigération. L'agneau de Charlevoix sera toujours meilleur que les gigots surgelés qui ont voyagé depuis l'Australie jusqu'à nos supermarchés.

Hélas, la vertu n'est pas toujours conciliable avec le réalisme, et pour les Nordiques que nous sommes, le locavorisme appliqué à la lettre est une fiction. Si l'on exclut d'office tout ce qui se trouve au sud du quarante-neuvième parallèle, il faudrait faire une croix sur le citron, l'huile d'olive, le gingembre, la vanille et les avocats... et pour respecter la règle de la proximité, refuser aussi les fruits importés des États-Unis ou de la péninsule du Niagara, le seul endroit au Canada, avec la vallée de l'Okanagan, où l'ensoleillement permet de récolter des fruits gorgés de sucre... encore qu'ils fassent bien piètre figure à côté de ce que l'on trouve en Californie ou dans le bassin méditerranéen (en dehors des serres industrielles hispaniques qui alimentent l'Europe, hiver comme été, de produits assez médiocres).

Notre seul fruit emblématique, à part les bleuets du Lac-Saint-Jean et de l'Abitibi dont la vie est hélas éphémère, est la pomme : un fruit croquant, sain, rafraîchissant, mais qui n'a pas la sensualité de la pêche juteuse à la texture de velours. (Cuite dans du beurre et du sucre, cependant, la pomme se métamorphose, s'alanguit et fond sous le palais. Elle se *gastronomise*, pourrait-on dire.)

Le fameux restaurant Noma, à Copenhague, n'utilise que des produits que l'on trouve en Scandinavie, mais c'est un tour de force culinaire que l'on ne refera jamais chez soi, même si l'on peut, grâce à de telles expériences innovatrices, découvrir des produits locaux que l'on pourra ensuite incorporer à sa propre pratique culinaire.

Dans la foulée du succès de Noma, Copenhague est devenue le paradis des locavores et la nouvelle Mecque des *foodies*. Une dizaine de restaurants y fabriquent des menus à partir de produits de proximité, mais gardons-nous de voir là une nouveauté absolue. Dans les années 80, Marc Veyrat avait déjà montré la voie en utilisant les champignons et les plantes qu'il allait cueillir lui-même dans les sous-bois de Haute-Savoie, en quelque sorte dans l'arrière-cour de ses restaurants étoilés.

Une gastronomie boréale en est aussi à ses débuts au Québec, sans toutefois tomber dans les excès fondamentalistes de Noma. Derek Dammann (Maison Publique), par exemple, utilise beaucoup de produits locaux, y compris des succédanés à l'huile d'olive, sans toutefois s'enfermer dans un répertoire qui resterait forcément limité.

Le magazine *L'Actualité* nous apprenait récemment qu'à Québec le bistrot Chez Boulay sert un carpaccio d'omble accompagné d'une marinade au vinaigre de sureau et d'une sauce à base de cœurs de quenouille et de boutons d'asclépiade, de même qu'une joue de bison braisée servie avec une sauce montée au vinaigre de gadelles blanches, sur laquelle on a râpé de la racine de céleri sauvage...

On commence à peine à découvrir que nos forêts immenses ne recèlent pas seulement de quoi fabriquer du papier et du bois de construction ; elles abritent des plantes, du gibier, des champignons, des légumes-racines, du thé des bois, du poivre des dunes... Un fabuleux garde-manger, signale le journaliste Yannick Villedieu, que connaissaient les Amérindiens et que nous avions jusqu'ici ignoré.

Mais comme disait Talleyrand, tout ce qui est exagéré est insignifiant. La bonne cuisine est le produit d'une synthèse entre des produits locaux et des produits importés de plus ou moins loin, à plus forte raison si l'on habite dans un climat ingrat pour l'agriculture. Mieux vaut s'ouvrir à d'autres productions tout en valorisant nos propres produits de saison.

Même si l'industrie agroalimentaire est en mesure d'offrir tous les produits en toute saison, cette abondance est un leurre. Les tomates sont insipides en hiver. Pourquoi acheter des asperges importées à l'automne, alors que les aubergines, les haricots et les betteraves sont à leur meilleur et que notre terroir offre une incroyable variété de courges ? Même les fromages ont leurs saisons ! Le Vacherin, par exemple, ne se déguste qu'en hiver.

Dans les pays qui jouissent d'un terroir riche et diversifié, on peut au contraire vivre, au moins partiellement, en locavore. La France est probablement le seul pays de l'hémisphère Nord qui soit, sur ce plan, autosuffisant. Elle est bordée par une mer méridionale et par un océan aux eaux froides, qui lui donnent accès à quelques heures d'avis à une variété infinie de poissons et de fruits de mer. Ses terres et ses pâturages sont propices à l'élevage, et le pays tout entier est un immense potager d'une incroyable diversité, de la betterave au nord aux kiwis de la Côte d'Azur. (Théoriquement, les États-Unis sont autosuffisants, mais, dans ce pays-continent, les distances sont telles que le locavorisme y est impossible à l'échelle nationale.)

En France, le festival de la fraîcheur commence dès le mois de mars, quand les asperges vertes et blanches envahissent les marchés, suivies de peu par les fraises gariguettes aux contours allongés, puis par les multiples variétés de cerises. Aux sages gariguettes du printemps succéderont en juin les voluptueuses maras des bois.

Même à Paris, on ne sait pas ce que goûte la vraie tomate, celle que l'on déguste, par exemple, dans les villages du Midi. Vous l'avez achetée au marché ou directement chez un petit producteur. Elle a poussé dans le village voisin, ses sucs affinés par le soleil, et se retrouve le lendemain sur votre table... Elle peut être ronde, ferme et bien rouge comme la tomate traditionnelle, ou recréer les variétés anciennes, comme la douce tomate ananas, la noire de Crimée aux reflets violets ou la moelleuse cœur-de-bœuf aux côtes zébrées de jaune.

Les haricots verts, tout juste cueillis, sont tendres et sucrés, tout comme les pêches – les jaunes, les blanches (plus fines, mais plus fragiles) ou les pêches plates que l'on déguste avec la peau et qui, elles aussi, fondent dans la bouche.

Question d'ensoleillement, certes, question de fraîcheur aussi, mais pas seulement : c'est le terroir qui fait le fruit et le légume, comme on le perçoit dès que l'on savoure une pomme de terre de Noirmoutier ou de la région nantaise – l'endroit entre tous où l'on a poussé à l'extrême degré du raffinement la culture de ce tubercule né en Amérique.

D'autres légumes, par contre, tiennent bien la route même dans des terroirs moins fertiles. Ainsi, les courgettes récoltées au Québec à la fin de l'été, de même, évidemment, que l'incomparable maïs en épi grignoté tout frais le jour de sa récolte, arrosé de beurre fondant, ce blé d'Inde qui est pour tant d'entre nous l'ultime *comfort food*, celui qui rappelle les derniers jours indolents des vacances estivales, quand déjà se rapprochait l'odeur proprette des cahiers neufs et des coffres à crayons.

L'importation est une solution déficiente, mais nécessaire à l'absence d'un terroir prometteur. L'autre solution réside dans le savoir-faire du cuisinier. En règle générale, plus l'ingrédient est de qualité, moins il faudra d'apprêt. La tomate fraîche de la Méditerranée se mange toute nue, avec un peu de fleur de sel et un filet d'huile. Celle que l'on achète l'hiver dans nos supermarchés devra être confite avec de l'huile et de l'ail à basse température pendant deux heures avant d'exhaler quelque goût. De la même façon, la viande de qualité médiocre devra être marinée et relevée d'une sauce, tandis que la truite fraîchement pêchée n'aura besoin que de passer brièvement à la poêle pour devenir un régal des dieux.

« La star, c'est le produit, nous ne sommes que les interprètes », résume Bernard Vaussion, l'ancien chef de l'Élysée qui vient de prendre sa retraite après avoir nourri, jour après jour, six présidents de la République.

L'autre mode, sympathique mais abusive quand on la pousse à l'extrême, est l'engouement pour les produits bio, inspiré lui aussi par les meilleurs sentiments. L'agriculture biologique a d'indéniables bienfaits, mais encore ici, gardons-nous des excès. Le fondamentalisme culinaire ne vaut pas mieux que le fondamentalisme religieux.

La preuve a été faite que l'on peut manger des produits « impurs » sans danger. On n'a qu'à voir les nonagénaires de l'ère pré-bio, qui ont maintenu leur santé en mangeant un peu de tout et en étant physiquement actifs (et sans doute aussi grâce à de bons gènes, car la triste réalité est que l'on ne peut pas tout contrôler dans la vie).

Nombre d'études ont démontré la relative innocuité des pesticides, pour qui sait qu'il faut laver ou peler les fruits avant de les consommer. Pour être sérieusement menacé par la pomme qui a été aspergée de pesticides, il faudrait en manger 100 par jour pendant 10 ans! La technologie n'est pas non plus à proscrire entièrement, malgré les apôtres peureux du « principe de précaution ». Les OGM n'améliorent pas le goût des aliments, c'est évident, mais ils peuvent apporter une solution aux pénuries et aux famines qui, elles, sont des dangers mortels dans le monde en voie de développement.

La mode du bio a engendré un autre type d'industrie, tout aussi gloutonne que l'agriculture industrielle. Sous cette étiquette, on vend à prix d'or des produits qui ne sont pas toujours plus sains ni plus savoureux que les produits ordinaires.

Personnellement, j'achète les produits qui me paraissent les meilleurs et les plus appétissants, sans trop me soucier qu'ils soient bio ou pas. Et pas question de dépenser une fortune pour des légumes biscornus piqués par les insectes !

Je me suis convertie aux produits de ménage bio, cependant, parce que l'odeur chimique des produits traditionnels m'importune. Mais ma maison est un endroit propre qui ne grouille pas d'une multitude de bactéries... Pour ce qui est de l'hôpital où j'aboutirai inévitablement un jour, je préférerais qu'on y utilise des produits plus toxiques pour nettoyer les chambres et les couloirs. Mieux vaut l'odeur de l'eau de Javel qu'une maladie nosocomiale...

À force de voir paraître des « études » qui se contredisent sans cesse sur les dangers et les bienfaits de ce qu'on avale (il y en a même eu une qui déconseillait les épinards !), j'ai opté pour un sain scepticisme. Il y a 10 ans, il ne fallait pas boire l'eau du robinet parce qu'elle était polluée. Aujourd'hui, il ne faut boire que de l'eau du robinet parce que la consommation d'eau embouteillée nuit à l'environnement... Je bois l'une et l'autre, selon le moment, en bonne agnostique qui ne croit plus aux vérités révélées.

Autre avatar de la mode culinaire fondée sur l'idéologie, l'engouement pour la cuisine crue.

Cette mode-là fera long feu, c'est le cas de le dire, mais l'expérience est amusante. C'est en tout cas la conclusion que j'ai tirée de ma visite, en 2004, au Pure Food and Wine, à New York – le premier restaurant au monde à avoir mis en pratique sur un mode professionnel le concept du manger cru.

Ici, rien n'est cuit et tout est (évidemment) biologique. La cuisine n'a ni four, ni plaque de cuisson, ni micro-ondes et ne possède comme ustensiles que le robot, le mélangeur, l'extracteur à jus, la mandoline et le couteau.

On pourrait s'attendre à déguster du carpaccio de thon et des sashimis, mais tout cela est interdit, car Pure Food and Wine est dans l'orthodoxie pure : on est plus que végétarien, on est végétalien, c'est-à-dire qu'on bannit non seulement la viande, mais aussi le poisson, les œufs et les produits laitiers. Absentes aussi, les légumineuses... que même le plus dévot des végétaliens ne pourrait manger crues.

Les entrées se prêtent bien au style cru, et elles sont délicieuses et bien relevées d'herbes fraîches et de sauces asiatiques, du gaspacho d'ananas et de concombre aux rouleaux de radis daikon à la noix de coco et à la papaye verte, en passant par les champignons shitakes à l'avocat et au gingembre mariné et à la tarte d'asperges au zeste d'orange et à la cardamome... Vous voyez le genre, c'est très fusion et c'est très bon.

C'est à l'étape des plats de résistance que les choses se gâtent. D'abord, même s'ils sont artistiquement montés, ils vous privent d'un plaisir essentiel, car ils ne sentent rien. Or, qu'est-ce que la cuisine sans les odeurs ?

La lasagne de tomates et de courgettes émincées au pesto ferait une jolie entrée, mais pour un plat de résistance c'est moins réussi. Idem pour les raviolis de betterave farcis de purée de poivrons jaunes et pour les linguines de courge à l'huile de truffe, qui ressemblent à une gigantesque portion de céleri rémoulade.

Les desserts ne valent pas le voyage, et pour cause. La pâtisserie sans œufs, sans crème et sans cuisson est un défi impossible. Le Pure Food and Wine vous inflige donc des biscuits d'amandes ou de graines de sésame pressés... Pas mauvais, mais c'est le genre de chose qui convient davantage à une collation d'après-midi qu'au point d'orgue que doit constituer le dessert.

Il n'y a évidemment ni café ni tisane, mais la carte des vins est sympathique, le décor agréable, et la clientèle bien branchée. Comme les gens y vont par curiosité plutôt que par idéologie, l'endroit n'a pas ce côté tristounet des vrais restaurants végétariens, où les clients ont toujours l'air déprimé.

Questions en suspens : le ceviche, où le poisson a cuit dans le jus de limette, serait-il permis ? Et le saumon gravlax, cuit par macération ? Il n'y en a pas au Pure Food and Wine, parce qu'on y est rigoureusement végétalien. Mais serait-ce possible d'en manger si l'on voulait juste un petit peu s'écarter de la religion du cru ? Grave dilemme...

Quelques années plus tard, les crudivores montréalais allaient se donner un restaurant du même acabit, né – *where else ?* – sur le Plateau-Mont-Royal, et qui compte maintenant deux autres succursales. Crudessence fait lui aussi dans les noix, les graines germées, les algues, les graines de chanvre, les pousses de légumes, les fruits séchés et tutti quanti. Moins orthodoxe que Cru à New York, il permet toutefois le thé et la tisane, et tolère la déshydratation des aliments à basse température... Péché mortel ou véniel ? Qui sait ?

Les partisans du manger cru croient que leur régime restaure les enzymes et éliminent les toxines, et qu'il est dans l'ordre de la nature de se nourrir de produits non altérés par la cuisson.

Allons donc ! C'est au contraire la cuisson (ou la congélation pour ce qui est des poissons destinés aux sashimis) qui tue les bactéries et les parasites. D'ailleurs, sitôt le feu découvert, nos ancêtres préhistoriques, qui étaient proches de la bête et qui, faute de choix, devaient vivre en symbiose avec la nature, se sont empressés d'y faire griller leurs gigots !

Les archéologues ont découvert, en analysant les dents fossilisées de trois hommes de Neandertal, que ces très lointains ancêtres, disparus il y a 28 000 ans, se nourrissaient de plantes qui avaient été cuites – ce qui, confirment les spécialistes, en accroissait la valeur nutritive et les rendait plus digestes.

Une autre vague a fait son apparition, engendrant elle aussi une industrie fort rentable, qui a vite su comment exploiter la maladie (ou, dans certains cas assez fréquents, l'hypocondrie) : celle des allergies alimentaires, beaucoup plus répandues aujourd'hui qu'autrefois. Leur fréquence sans précédent s'explique vraisemblablement par l'environnement trop aseptisé où vivent les Occidentaux de classe moyenne, ce qui a pour effet d'affaiblir les défenses immunitaires.

Certaines allergies comme celle au gluten – un problème grave pour les gens atteints de la maladie cœliaque – ont été détournées par un effet de mode, nombre de gens attribuant à tort leurs problèmes de digestion au gluten ou, pire, s'imaginant qu'un régime sans gluten va les faire maigrir. L'industrie s'est engouffrée dans la brèche, et n'importe quel supermarché remplit ses tablettes de produits sans gluten qui coûtent les yeux de la tête.

À l'époque où je passais plusieurs mois par année à Vancouver, j'avais un peu adopté la coutume en vogue chez les gens branchés de la côte Ouest qui, en bons écolos puritains, se souciaient davantage des problèmes associés à la nourriture que de la nourriture elle-même. J'avais pris l'habitude de demander aux gens que nous invitions à dîner s'ils avaient des interdits particuliers.

L'affaire allait atteindre des proportions abracadabrantes. Les interdits religieux (que j'aurais respectés) étaient rares, car il y a peu de juifs et de musulmans pratiquants à Vancouver, mais à la place, mon invitation allait ouvrir la porte à une litanie d'interdits divers et souvent fantaisistes. Untel était allergique à la moutarde, l'autre aux produits laitiers, un autre était végétarien mais mangeait des œufs, un autre était végétarien mais ne tolérait que le poisson, un autre aurait toléré la volaille, un autre était dans l'orthodoxie végétalienne, et ainsi de suite.

À un moment donné, j'ai cessé d'interroger mes invités sur leurs fantaisies alimentaires en me disant qu'ils mangeraient ce qu'il y aurait, et basta! Je faisais quand même preuve de compassion, en préparant une double ou une triple portion de légumes pour que les plus tatillons aient quelque chose à se mettre sous la dent et pour m'éviter d'avoir une mort sur la conscience.

LE PAYS DU SOLEIL

L'Italie est la terre entre toutes du bien manger, celle où le voyageur fera rarement un mauvais repas, contrairement à la France, où l'on trouve le pire et le meilleur. La cuisine italienne est celle qui a été la plus exportée, la seule qui ait été adoptée sur tous les continents et sous toutes les latitudes.

La pizza est le mets international par excellence. Les pâtes, quoique apprêtées avec moins de variété et de subtilité qu'en Italie, sont pour une infinité de non-Italiens le repas le plus satisfaisant qu'on puisse faire, surtout quand on est pressé ou déprimé. C'est facile à réaliser, facile à déguster, facile à digérer, cela vous ramène à l'enfance, avec une sensation de plénitude. Rien à couper, rien à mâcher... Cela, ma foi, se rapproche du « manger mou » !

Tout dépend, évidemment, de la garniture. Le spaghetti à la viande est aussi roboratif qu'un bœuf bourguignon, surtout dans la version que m'a refilée une amie italienne : on laisse mijoter très longtemps d'épais morceaux de jarret de veau dans une sauce tomate assaisonnée, bien entendu, d'ail, d'herbes et d'oignons, où l'on n'aura pas oublié d'ajouter une bonne pincée de sucre pour atténuer l'amertume du fruit (précaution inutile quand on la prépare avec des tomates qui viennent tout juste de mûrir au soleil de la Méditerranée).

Pourtant, malgré son succès planétaire, la cuisine italienne n'a pas été au centre de la révolution gastronomique de la fin du XXᵉ siècle. L'Espagne et des pays aussi improbables que le Danemark ou l'Angleterre lui ont damé le pion pour ce qui est de la recherche culinaire.

Certes, l'Italie a ses restaurants étoilés et ses vedettes des fourneaux. C'est là aussi qu'a pris naissance le mouvement du *slow food*, mais cela n'a rien d'une nouvelle tendance puisqu'il ne s'agit que de célébrer la cuisine maison, par opposition au *fast food*. Il va de soi qu'on retrouve en Italie les tendances qui caractérisent la gastronomie mondialisée d'aujourd'hui. À la Foresteria, une belle maison d'hôte perdue dans l'arrière-pays verdoyant de la côte sud de la Sicile, le chef, un familier du Japon, exerce avec un goût très sûr l'art de la fusion et nous a servi une succulente entrée de crevettes crues marinées garnies de févettes, ces petites fèves vertes et sucrées tout juste écossées que l'on déguste au printemps.

Dans l'ensemble, toutefois, l'Italie est restée à l'écart de l'agitation qui a transformé la restauration en scène de théâtre. L'explication est simple. La cuisine italienne est depuis toujours une cuisine de mères de famille, les fameuses *mamas* dont la seule évocation fait saliver. Une cuisine simple, qui tire sa qualité de la fraîcheur des ingrédients dont est amplement pourvu ce territoire fertile, et d'un savoir-faire expert, mais sans prétention, transmis d'une génération à l'autre.

Le voyageur aura toujours intérêt à s'arrêter dans une trattoria ou une ostaria (l'équivalent du bistrot ou de l'auberge) ou dans un restaurant familial, plutôt qu'à s'aventurer dans un établissement qui cherche à impressionner la clientèle.

J'ai récemment goûté, dans un restaurant sicilien très coté, une déclinaison d'agneau composée d'un ragoût épicé, d'une côtelette cuite à la française et d'un chausson farci de viande hachée. La formule de la déclinaison est devenue banale, et ce mélange, quoique fort mangeable, n'avait rien de spécial. Je l'aurais volontiers échangé contre le plat d'agneau dont les Italiens ont le secret : de très minces côtelettes marinées dans de l'huile aromatisée avec de l'ail, un peu de citron et de persil, que l'on fait griller jusqu'à ce qu'elles deviennent croustillantes tout en restant juteuses. On les finit en rongeant l'os... Accompagnées d'épinards sautés dans une bonne huile d'olive parfumée à l'ail, c'est un pur délice.

On peut dire la même chose de la cuisine grecque qui bénéficie, grosso modo, d'un climat analogue à celui de l'Italie. Elle n'est pas très variée, mais dans les *tavernas* de qualité, elle est si savoureuse qu'on en redemanderait le lendemain.

Nous parlons encore de ces petites côtes d'agneau accompagnées de frites minces cuites dans l'huile du pays et d'une salade de tomates fraîches, dévorées à la terrasse d'un troquet dans le village historique de Mycènes, des fruits de mer dégustés à Kalamata, sur une terrasse donnant sur la mer Ionienne, d'un somptueux rôti d'épaule de porc au romarin dans une auberge de montagne de Lakadi, de ces yaourts au miel qui terminaient le repas sur une note à la fois légère et onctueuse...

Le choix des vins s'avère facile en Italie, chaque région, des Dolomites aux Abruzzes, cultivant des vins renommés partout au monde. Commander du sangiovese en Émilie-Romagne ou du montepulciano en Toscane n'a rien de bien sorcier.

Les choses se compliquent en Grèce, dont les vins sont beaucoup moins connus (sans doute injustement). Durant les premiers jours d'un voyage en Grèce, il y a quelques années, nous commandions, au dîner, une bouteille de vin à l'aveuglette, le seul que nous savions devoir éviter étant le vin résineux. Nos choix n'étaient pas toujours heureux quant au rapport qualité-prix.

Nous avons fini par opter le plus souvent pour des carafes de vin maison, moins cher et parfaitement correct. Nous avons fait la même chose plus récemment en Sicile, jusqu'à ce que nous découvrions les produits enchanteurs des vignobles du mont Etna, où le climat est un peu moins chaud que dans le reste de l'île. Aux environs de ce volcan toujours en activité, un terroir exceptionnellement fertile a produit de beaux blancs minéraux de type chablis et des rouges veloutés, moins corsés que la moyenne des vins siciliens gorgés de sucre par le soleil.

La vraie cuisine italienne se vit sous le double signe du S. S comme soleil, S comme sourire. Son terroir ensoleillé produit des fruits et des légumes incomparables. Et l'accueil souriant de ses habitants – les Italiens sont des Français de bonne humeur, dit le vieil adage – enveloppe le repas d'une chaleur humaine qui réconforte autant que la nourriture.

Je me souviens du contraste saisissant, à ce chapitre, entre la Croatie et l'Italie. Peu d'années avant l'éclatement de la Yougoslavie, nous avions descendu la côte croate, le long de la mer Adriatique jusqu'à Dubrovnik. Cette côte était d'une beauté à couper le souffle. Les habitants aussi étaient beaux, alliant la haute taille des Slaves à la sombre finesse du faciès méditerranéen.

La cuisine, dans les petits restaurants où nous nous arrêtions, était savoureuse : beaucoup de poissons frais et de brochettes de viande grillés à la perfection... Et pourtant, nous n'y prenions guère de plaisir. Partout où nous entrions, le restaurateur nous indiquait sans sourire une table d'un geste autoritaire, même si la salle était vide et que nous aurions dû avoir le choix. Le reste du repas se déroulait dans une ambiance lugubre. Nous avions toujours l'impression d'être des intrus. La morale de cette histoire est qu'un bon repas dégusté dans une ambiance déplaisante perd les trois quarts de son charme.

L'humeur maussade des Croates était peut-être due au tempérament fermé d'une population de paysans qui, à l'époque, n'était pas encore habituée aux touristes. Peut-être aussi était-elle due aux tensions qui annonçaient la guerre civile.

Quoi qu'il en soit, nous avons finalement quitté Dubrovnik pour nous rendre à Rome... Ce soir-là, nous avons demandé, dans notre mauvais italien, notre chemin à un commerçant. Il est sorti de sa boutique en prenant mon mari par l'épaule, à la fois protecteur et amical, et, toujours avec son sourire chaleureux, nous a indiqué le chemin avec force gestes. Comme c'était compliqué, il est monté d'autorité dans notre voiture pour nous amener à destination... et refaire le chemin à pied vers son commerce.

D'un territoire où tout le monde avait l'air hostile ou bougon, nous avions été transportés au pays du sourire.

L'accueil généreux des Italiens ne se dément que rarement. Des amis ont loué une villa en Toscane... pour se faire accueillir par une bouteille de vin et une grande pizza maison découpée en forme de cœur! La propriétaire, le matin, leur apportait des tasses de capuccino bien chaud.

Les mêmes, à San Gimignano, arrivent dans un restaurant renommé pour ses grillades de bœuf, mais en constatant que la terrasse est envahie d'essaims de moustiques, ils décident de partir. En les voyant faire, huit autres clients (des Italiens, bien sûr) se lèvent d'un bond en leur tendant les flacons de solution anti-moustiques dont ils s'étaient munis. «Restez! On mange tellement bien ici!» Nos amis se sont rassis et se sont régalés, à l'abri des moustiques.

Dans la terrasse d'un restaurant du Trastevere, à Rome, je m'extasie devant mon artichaut *alla giudia* (à la juive, cette recette provenant de l'ancien ghetto juif).

Il a été cuit dans l'huile d'olive, il est croustillant sans être huileux, la chair du cœur fond sous la dent. Je complimente le maître d'hôtel, qui parle français, en lui demandant comment on arrive à pareil résultat.

Toujours le sourire, toujours la gentillesse... Quoiqu'il soit très occupé à cette heure du déjeuner, il me prend par le bras et m'emmène à la cuisine, jusqu'au marmiton qui s'active devant un grand bassin d'huile, et m'explique la recette avec moult détails. Surtout, surtout, surveiller la température de l'huile...

Je m'y suis essayée à Montréal. Une fois, ça a marché – sans doute la chance du débutant! Enhardie, j'ai invité Daniel Pinard, avec qui j'avais eu de longues conversations sur le sujet, à en déguster. Patatras, la seconde fois c'était raté. Mais Daniel m'a dit que lui-même n'avait jamais réussi à trouver le secret infaillible. À notre décharge, peut-être nos artichauts importés ne conviennent-ils pas à une recette conçue pour l'extraordinaire variété d'artichauts frais que l'on achète à Rome ?

Tout n'est pas ensoleillé dans la restauration italienne. Lors de mon dernier séjour à Rome, il y a quelques années, je commande un osso buco, dans un restaurant situé près du Parlement, en me disant qu'un établissement fréquenté par des députés doit être très bien. Après une longue attente, je reçois un morceau de jarret sec et pas assez cuit, qu'on a nappé à la dernière minute d'une sauce tomate. Rien à voir avec l'osso buco. Jamais on n'aurait servi cela à un député italien ! J'aurais dû renvoyer le plat, je m'en suis abstenue par peur de me faire enguirlander en italien par un maître d'hôtel à qui j'aurais été incapable de répliquer dans sa langue.

Il faut dire que l'Italie a été tellement envahie par le tourisme de masse que, dans certains endroits, le mépris du client est de rigueur. Le centre-ville romain a la réputation de maltraiter même les touristes italiens qui viennent d'autres régions et ont un accent différent. Le personnel est blasé, irrité par ces cohortes incessantes de visiteurs qui, de toute façon, ne sont que de passage et ne reviendront plus. Le même phénomène se reproduit dans les quartiers les plus touristiques de Venise ou de Florence.

D'où l'intérêt de fréquenter des restaurants qui ont une clientèle d'habitués, car c'est pour eux que les restaurateurs soignent leur cuisine, sachant que ceux-là reviendront s'ils sont contents.

À Naples, c'est à des employés du Musée d'archéologie – des gens dont on pouvait présumer qu'ils ont du goût et connaissent le quartier – que nous avons demandé l'adresse de la meilleure pizzeria des environs. Et nous avons été servis ! Jamais nous n'avions dégusté une pâte aussi alvéolée et aérienne. Gonflée sur les bords par le passage rapide au four à bois, elle portait des garnitures simples et fraîches.

À Modène, la capitale du vinaigre balsamique, nous visitons les Halles. Nous nous arrêtons à un comptoir d'épicerie fine et causons un peu avec le commerçant. Mon mari lui demande s'il peut nous suggérer une bonne trattoria, son intuition étant que cet homme qui vend de beaux produits doit être une fine gueule.

Comme prévu, il nous indique un endroit, tout près de là, au deuxième étage d'un établissement que nous n'aurions jamais remarqué. C'était un petit restaurant rempli d'habitués. Nous y avons pris un repas succulent dont des tortellinis maison à la sauge furent pour moi le point d'orgue : des pâtes *al dente*, du beurre, de la sauge fraîche… C'était tout, c'était sublime.

Autre truc, examiner la clientèle. Un midi, sur une place de Porto, la ravissante seconde ville du Portugal, nous hésitons entre deux établissements, dont l'un a un Bib Gourmand au *Michelin*… mais qui est presque vide. Nous nous apprêtons à y entrer quand nous voyons plusieurs employés sortir d'un hôpital voisin et traverser la rue pour s'engouffrer dans l'autre bistrot. Des habitués, visiblement. Nous les avons suivis en nous disant que ce serait bon, et ce l'était ! Nous nous sommes régalés de calamars farcis et de brochettes de porc.

J'ai découvert l'Italie toute jeune, au volant d'une petite Renault rouge louée à Paris, avec ma mère qui était une voyageuse formidable, curieuse de tout, dont le sens de l'humour inné s'épanouissait dans l'excitation du dépaysement.

Nous avions traversé la France par la célèbre nationale 7 (c'était bien avant les autoroutes) et nous étions débrouillées héroïquement sur les routes de montagne terrifiantes qui surplombaient la Riviera (c'était avant les tunnels qu'on y a construits depuis). De Pise à Venise en passant par Rome et Pérouse, nous passions nos journées à marcher et à visiter les musées et les monuments, éblouies par tant de beauté. Nous revenions à l'hôtel exténuées et ne pensions guère à chercher un restaurant. Celui de l'hôtel nous suffisait.

C'est quelques années plus tard, jeune reporter affectée à un voyage de tourisme en Italie (jamais je n'allais ensuite recevoir de plus agréable mission !) que j'ai découvert la vraie cuisine italienne, grâce à l'un de mes compagnons de voyage, Bill Bantey, alors reporter à la *Gazette*, qui parlait parfaitement italien et connaissait le pays.

Nous nous échappions souvent du groupe pour aller, le soir, dans des restaurants bien choisis. Je me souviens de ma surprise devant mon premier plat de pâtes sans sauce tomate (c'étaient des tagliatelles au beurre avec des petits pois...) et devant ces scallopini de veau *mincissimes*, qui contrastaient avec les côtes de veau épaisses dont j'avais l'habitude. À Capri, j'ai vu les premiers citronniers de ma vie, j'ai découvert le goût des fruits de mer tout juste saisis dans l'huile...

C'était encore l'époque bénie où l'on pouvait aller à Venise en toute saison sans risquer d'être submergé par la foule, et visiter les musées de Florence sans devoir faire la queue pendant quatre heures.

Avec mon mari, nous sommes souvent retournés en Italie. Ces dernières années, nous avons choisi d'y aller hors-saison, en février ou en mars, histoire d'éviter les autocars de tourisme. Le bonheur de se trouver presque seuls sur les sites magiques de Pompéi, Paestum ou Ségeste vaut bien quelques gouttes d'eau! Le même conseil vaut d'ailleurs pour la Grèce : si l'on veut découvrir le Parthénon dans ce qu'il a de plus sublime, l'idéal est d'y aller en février, avant la ruée des touristes.

Pendant la majeure partie de son histoire, l'Italie a été constituée de villes indépendantes, souvent en guerre et toujours rivales, pour n'être unifiée qu'en 1866. La gastronomie italienne est donc, à la base, un assemblage de cuisines régionales qui, bien sûr, se sont interpénétrées et mutuellement influencées.

Un point commun : les ingrédients sont toujours d'origine locale. Les zones montagneuses offrent des truffes, du gibier, des plats braisés aromatisés avec du vinaigre, des jambons secs plus rustiques que celui de Parme. La Vénétie compte parmi ses spécialités le foie de veau aux oignons et le risotto à l'encre de seiche. L'Émilie-Romagne est la patrie du parmesan, la Campanie celle de la mozzarella de bufflonne... et même les pâtes ont des origines régionales typées, comme les *orechiette* des Pouilles.

Cette prédominance des cuisines régionales se retrouve ailleurs en Europe. Même en France, pays unifié depuis des siècles et qui vit sous un régime exceptionnellement centralisé, le Nord-Américain a la surprise de découvrir que quelques kilomètres suffisent pour que non seulement les paysages, mais aussi les traditions culinaires changent radicalement.

Ainsi, dans les villages de l'intérieur du Languedoc situés entre Montpellier et Béziers, le régime habituel est basé sur la viande, même si l'on se trouve à une petite demi-heure en auto de la mer. C'est en bord de mer, à Sète ou à Agde, que le régime courant sera à base de poisson et de coquillages. Ces spécificités tiennent à l'histoire, à un passé pas si lointain où l'auto n'existait pas, et où une trentaine de kilomètres représentait une longue distance.

En Italie aussi, on utilise en priorité les ressources de proximité. Les pâtes sont aux noix, aux pistaches ou aux cèpes; selon les régions, les aubergines sont frites, farcies, gratinées ou détaillées en fines lamelles, enroulées façon *involtini* autour de morceaux de jambon ou de fromage. Les calamars, farcis de viande au nord, sont farcis d'amandes et de zestes d'orange au sud...

En Italie, plus on descend vers le sud, plus les saveurs s'affirment. En Sicile, on privilégie le goût fort des sardines, des anchois et des câpres ou de la bottarga (poche d'œufs de poisson séchés). La caponata, sauté d'aubergines, de tomates, d'ail, d'oignons, d'amandes et de raisins, est puissamment relevée d'une bonne rasade de vinaigre. Les salades sont à l'orange sanguine, aux olives et aux pignons. Le pesto, un condiment d'origine ligurienne, se fait ici avec des tomates, les amandes remplaçant les pignons.

Le couscous, importation récente ailleurs, est ici un plat enraciné depuis 10 siècles, alors que la Sicile vivait sous domination arabe. On prépare généralement le *cuscusu* avec du poisson. D'autres importations majeures sont survenues au XVIe siècle, alors que les Juifs d'Espagne et du Portugal, fuyant l'Inquisition, ont emporté, dans les pays méditerranéens où ils se sont exilés, les produits du Nouveau Monde que les explorations de Christophe Colomb avaient introduits dans la péninsule ibérique : tomates, pommes de terre, poivrons, citrouilles, figues de Barbarie...

Dans une *foccaceria* traditionnelle de Palerme, une odeur intense monte de l'immense bassine où mijote un ragoût de morceaux de langue de bœuf, dont on farcit de petits pains ronds. Un plat de pauvre naguère destiné aux pêcheurs, dont les cadres cravatés du quartier se régalent à l'occasion.

C'est encore à la pénurie que répond l'arancini, une boule frite faite de restes de risotto et d'un peu de viande ; comme le falafel libanais à base de pois chiches, ces bouchées peu coûteuses ont le don de vous rassasier très vite. *Idem* pour cette tradition de saupoudrer de chapelure beaucoup de plats : pour les rendre plus nourrissants tout en utilisant jusqu'à la dernière miette de pain...

Parlant de pain, le repas italien est bien différent du repas français, qui serait impensable sans la présence d'une baguette. On offrira plutôt des grissinis à grignoter avant le repas. Même dans les bonnes tables, le pain, en Italie, est généralement médiocre. À la largeur du pays, le pain n'est servi que comme complément facultatif, ou au petit-déjeuner, comme solution de rechange aux croissants industriels fourrés de confiture qui font le bonheur de l'Italien moyen.

Plutôt que le pain, ce sont les pâtes qui jouent en Italie le rôle de féculent omniprésent. Les pâtes sont servies comme entrée ou comme deuxième plat, après les hors-d'œuvre. Seuls les étrangers en font leur plat de résistance, ce qui a le don d'horripiler les restaurateurs.

Contrairement à la tradition française, où la pâtisserie est à l'avant-plan, les Italiens se contentent le plus souvent, au dessert, des fruits frais que le pays produit en abondance. On y déguste plus souvent des gâteaux secs sertis de fruits confits, ou des biscottis aux amandes, que des desserts riches comme le tiramisu et le sabayon.

On termine par un ristretto, un café bien serré, le cappuccino se prenant au petit-déjeuner, jamais pour clore un repas. Et la fin, il n'est pas rare que le patron dépose sur votre table une bouteille de limoncello ou de moscato. Il ne vous facturera qu'un verre même si vous en prenez un peu plus. Toujours la chaleur de l'accueil, toujours l'hospitalité souriante...

LES FOODIES

———

Il y avait les gourmands, qui aiment trop manger, et les gourmets, qui aiment bien manger. Depuis quelques années, une troisième catégorie fait sa marque dans l'univers de la gastronomie : les *foodies*.

Le *foodie* – le mot est passé dans la langue française – est un animal assez spécial. En poussant la chose à l'extrême, on pourrait dire que le *foodie* vit pour manger, alors que le reste du monde mange pour vivre. Le *foodie*, toutefois, ne se nourrit pas de n'importe quoi, oh ! que non ! Plus encore que le simple gourmet, il est sans cesse à la recherche des mets les plus raffinés ou les plus surprenants, et des restaurants qui sont à la fine pointe des modes gastronomiques.

Le simple gourmet aime fréquenter de bons restaurants là où il se trouve. S'il vit à Montréal, il profitera d'un voyage à Québec pour faire halte dans l'un des excellents établissements de la Vieille Capitale. S'il séjourne à Paris, il louera une auto pour visiter, disons, la Bourgogne, en ayant pris soin de réserver une table dans un ou deux restaurants renommés de la région... mais il se sera longuement arrêté, chemin faisant, aux paysages, aux monuments et aux charmants villages qui jouxtent les grands vignobles bourguignons. La bouffe, autrement dit, n'est pas l'unique but de son voyage.

Le *foodie*, lui, est du genre à planifier ses itinéraires de voyage exclusivement en fonction des tables étoilées qu'il compte découvrir. Il est capable de prendre l'avion pour aller expressément manger dans un établissement bien placé sur la liste San Pellegrino. Dans le petit monde des *foodies*, c'est à qui sera le premier à aller au restaurant Astrid & Gastón de Lima (treizième au classement San Pellegrino). En passant, on grimpera peut-être le Machu Picchu, mais cette excursion n'aura pas été le but du voyage.

Pour le simple gourmet, le repas n'est pas qu'une affaire de bouche, c'est aussi une activité conviviale. Le plaisir de déguster des mets exquis se double du plaisir de la conversation. Le *foodie*, au contraire, se concentre tout entier sur la technique culinaire. Il prend des notes tout au long du repas et photographie chacun des plats, pour pouvoir montrer ses trophées à d'autres *foodies*... et tant pis si ses gesticulations et les flashs de son téléphone dérangent les voisins et irritent le restaurateur.

Pour le *foodie*, l'ultime gratification est d'être reconnu par un chef-vedette et de le voir venir à sa table pour s'enquérir de son degré de satisfaction. L'un des *foodies* de ma connaissance, un savant prof d'université californien dans la vie privée, se vante d'avoir retenu l'attention de plusieurs chefs étoilés de Paris en leur transmettant des critiques détaillées de leurs plats. Il se croit désormais admis dans le cénacle, petite célébrité parmi les grandes. Le *foodie* ordinaire, quant à lui, se contentera de se vanter de ce que ses chefs préférés viennent lui serrer la main en l'appelant par son nom.

Le *foodie* américain ou britannique nourrit une étrange relation amour-haine avec la France. Tout en se posant en connaisseur de la gastronomie française, il n'a de cesse de proclamer que la cuisine française se meurt, que le renouveau est partout sauf en France, et – dernière sottise glanée dans un reportage du *New York Times* – que ce n'est qu'en dehors de Paris, dans le fin fond des provinces, que l'on peut encore bien manger !

Un autre *foodie*, antiquaire à Londres, me disait récemment, avec la prodigieuse assurance propre aux ignorants, qu'il est désormais impossible de trouver une vraie soupe à l'oignon en France, croyant naïvement illustrer ainsi la décadence de la cuisine française. Double méprise : la soupe à l'oignon est passée de mode depuis longtemps et n'a jamais été, de toute façon, un plat gastronomique.

Le fameux palmarès San Pellegrino relève de la même mentalité, de ce même besoin obsessionnel de dénigrer la cuisine française sous prétexte que l'intérêt pour la bonne cuisine s'est répandu partout dans le monde.

Même si le *foodisme* est devenu un concept à la mode à Paris, ce phénomène est beaucoup plus marqué dans les pays de culture puritaine que dans des pays comme la France, où la tradition du «bien manger» est enracinée depuis des siècles. En dehors des cercles restreints des critiques professionnels, très peu de Français vouent un tel culte à l'expérimentation gastronomique : ils aiment bien manger, tout simplement, si possible en galante compagnie ou entre amis. Ils restent fidèles à leurs restaurants préférés. Par curiosité, ou pour suivre la mode, ils essaieront, quelques fois dans l'année, une table dont tout le monde parle, mais le Français, en règle générale, agit en cette matière comme en bien d'autres : sans démesure.

On peut dire la même chose des Italiens ou des Espagnols, autres peuples de tradition catholique où le péché de gourmandise n'a jamais été qu'un tout petit péché véniel, vite effacé par l'absolution d'un abbé complice, lui-même amateur de bonne chère... Chez eux, de nos jours, on considère un bon repas comme une chose normale, pas comme quelque chose d'extraordinaire dont on doit parler jusqu'à plus soif. Les Québécois francophones s'inscrivent eux aussi dans cette mouvance. Comme leurs lointains cousins, les Québécois aiment bien manger, mais n'en font pas une religion.

Même en France cependant, certains, tel Claude Weil, directeur de la rédaction du *Nouvel Observateur*, s'interrogent avec une pointe d'inquiétude sur le déferlement de la «passion culinaire» et sur «l'ébouriffante sophistication de cette cuisine postmoderne où les plats posent à l'œuvre d'art. Et si cette passion pour les plaisirs de la table témoignait [...] de la peur de voir la France se dissoudre et perdre son âme dans la mondialisation? Ou [du] besoin de se raccrocher à l'exception française, quand notre industrie périclite et que notre modèle social bat de l'aile? Bref, la gastronomie comme remède anti-crise[1]...»

Sur une note encore plus sombre, Weil rappelle que «les sociétés qui, dans le passé, ont le plus surinvesti l'art culinaire – le Bas-Empire romain, l'Andalousie musulmane, la Régence en France, la Chine des Qing – furent souvent des sociétés en fin de cycle, dont les fastueuses extravagances annonçaient déjà la décadence[2]».

Autre hypothèse, optimiste celle-là: cette «liturgie culinaire», qui culmine au moment où la France se voit rétrogradée dans certains classements mondiaux, annonce peut-être que, «face aux dérives et aux dangers de la bouffe folle, l'heure de la résistance a sonné... Cette passion pourrait bien être, dans ses excès et ses ridicules, un besoin de revenir à ce qui est au cœur de la culture culinaire française: l'amour du produit, le goût de la belle ouvrage, le sens de la sociabilité[3]».

Chacun peut interpréter à sa guise l'engouement actuel pour l'exploration gastronomique et ce que les Français appellent la «starification» des chefs, désormais les *rock stars* de notre quotidien. Il reste que la nouvelle race des *foodies* est surtout constituée de néophytes – des gens qui n'ont découvert qu'une fois adultes les plaisirs de la bonne chère et du bon vin, et qui s'y adonnent avec un zèle excessif. Ils sont particulièrement nombreux aux États-Unis et dans le monde anglophone, dans les milieux où l'on dispose à la fois d'un revenu confortable et d'une certaine culture générale, parmi les professeurs d'université aussi bien que dans les affaires ou les arts. Et l'on en trouvera davantage au Canada anglais qu'au Canada français.

Le *foodisme* s'inscrit dans ce que les sociologues appellent la *positional consumption* — la consommation qui vous fait grimper dans l'échelle sociale. La compétition est en effet au cœur du phénomène du *foodisme*. Le plaisir des sens y prend souvent moins de place que le désir d'épater ses relations. Le *foodie* se vante *ad nauseam* de ses découvertes gastronomiques et vous les décrira en termes professionnels. Il fait ainsi partie d'une nouvelle élite, l'accumulation des expériences culinaires lui permettant d'acquérir un statut social plus élevé, au même titre que l'accumulation des voitures de luxe permet au parvenu de se hisser au-dessus de ses voisins.

Soit dit en passant, cette tendance a un genre : le masculin. Je connais beaucoup de femmes qui ont un revenu élevé... mais je n'en connais aucune qui se soit lancée dans la constitution d'un cellier de 500 bouteilles ou dans la collection d'œuvres d'art coûteuses. Elles achètent de très bons vins et, à l'occasion, des œuvres d'art qui leur plaisent, mais le concept de la collection, c'est-à-dire de l'accumulation, les laisse indifférentes. Je suis portée à croire que la majorité des *foodies* sont des hommes.

On peut rire de ce nouveau snobisme, mais il n'est pas inoffensif, car l'immense vague du *foodisme* a fortement influé sur l'évolution récente de la gastronomie, et pas nécessairement pour le mieux. Elle contribue à dissocier davantage la haute cuisine de la bonne cuisine, et à pousser les chefs vers l'excentricité et des recherches de plus en plus futiles... car le *foodie*, qui est aussi le client que visent les grandes tables, requiert de plus en plus de stimulations et de provocations pour s'émerveiller devant un plat. C'est une attitude analogue, au fond, à celle de l'amateur de pornographie qui, ayant tout vu et tout essayé, en demande encore plus. D'où l'expression *foodporn* qui commence à percer chez certains chefs exaspérés.

Qu'est-ce qui se cache derrière cette tendance qui a puissamment contribué à propulser l'univers gastronomique vers des horizons sans cesse repoussés et à transformer les consciencieux artisans que sont les chefs en vedettes planétaires ? Se pourrait-il que nous assistions à une nouvelle division de classes ? D'un côté la masse qui se nourrit d'aliments industriels, de l'autre une minorité de gourmets aux goûts éclectiques et toujours plus exigeants ?

Le critique culturel américain William Deresiewicz offre une hypothèse intéressante. Sous le titre *A Matter of Taste*, il affirme que le *foodisme* a remplacé l'art.

Ce phénomène, dit-il, a les caractéristiques sociologiques de la « culture » au sens élitiste du mot. Pour accéder au monde des *foodies* comme à celui de l'art (on parle ici surtout des arts visuels), il faut, *primo*, avoir de l'argent ; *secundo*, posséder des connaissances particulières, lesquelles peuvent être coûteuses à acquérir. La connaissance pointue de la gastronomie vous permet de monter dans l'échelle sociale, de la même façon que nombre de gens fortunés s'achètent une respectabilité culturelle en collectionnant de l'art moderne ou des vins rares.

Tout comme l'art, poursuit Deresiewicz, le *foodisme* a engendré un appareil culturel élaboré – sa littérature (critique gastronomique, information culinaire, débats théoriques), ses grands maîtres, ses prix, ses performances télévisées... Ce phénomène est même devenu une affaire de fierté nationale, comme on l'a vu en Angleterre, en Catalogne ou au Danemark, quand le palmarès San Pellegrino a consacré leurs héros culinaires.

Pourtant, précise Deresiewicz, la nourriture n'a rien à voir, sur le fond, avec l'art. Comme l'art, la nourriture s'adresse aux sens, mais ne peut aller au-delà des sens pour acquérir une dimension symbolique et susciter des émotions plus complexes que le confort, la satisfaction ou la nostalgie. Ne confondons pas le plaisir avec l'âme, prévient-il sagement. Un plat de curry n'est pas une idée, même si c'est une idée qui lui a donné forme. Un texte de Proust sur la madeleine est de l'art, une madeleine n'en est pas [4].

---

1. Claude WEIL, « Une certaine idée de la France », dans *La cuisine : une passion française*, Le Nouvel Observateur, hors-série n° 86, mai-juin 2014.

2. *Ibid.*

3. *Ibid.*

4. William DERESIEWICZ, « A Matter of Taste », *The New York Times*, 28 octobre 2012.

REMERCIEMENTS

Merci à Christiane Clermont, Nicole Brodeur, Paule Beaugrand-Champagne, Denyse Betts et Pierre Baulu pour leurs commentaires avisés.

Merci à l'équipe talentueuse des Éditions La Presse, en particulier à mon éditrice Sylvie Latour, qui a mené ce projet à bon port avec savoir-faire et perspicacité.

Remerciements affectueux à mon mari, Steven Davis, idéal compagnon de voyage et de table, pour ses judicieux conseils et ses encouragements soutenus.